Markus Graulich (Hrsg.)

Familie – Keimzelle der Gesellschaft und Kirche im Kleinen

Markus Graulich (Hrsg.)

Familie –
Keimzelle der Gesellschaft
und Kirche im Kleinen

∝**fe**

1. Auflage 2022
© Fe-Medienverlag, Hauptstr. 22,
88353 Kisslegg-Immenried
www.fe-medien.de

Layout: Renate Geisler

Umschlagbild: istock

Alle Rechte vorbehalten
Druck: mcpdruk, Polen

ISBN: 978-3-86357-363-8

Inhalt

Vorwort

Über die christliche Familie zu sprechen und über das nachzudenken, was sie ausmacht, wird zunehmend schwieriger. In einer Zeit, in der selbst der Begriff „Familie" in Frage gestellt und beliebig verändert wird, ist es umso wichtiger, die tragenden Grundlagen klar zu benennen. Dazu ist eine Perspektive des Glaubens besonders geeignet, weil so die Größe und Schönheit der Familie, wie sie in der Schöpfung grundgelegt und vom Glauben bezeugt wird, deutlich hervortritt. Dazu finden sich wertvolle Ausführungen in der Lehre der Kirche über Ehe und Familie.

Nötiger denn je ist heute klare Orientierung, weil durch die „Regenbogenfamilie", „Patchwork Familie" und die „Familie für alle" tragende Grundlagen in Frage gestellt werden und der Willkür nicht selten Tor und Tür geöffnet wird. Daher lohnt sich ein Blick auf jene vier Aufgaben, die der Familie zukommen und die der Papst der Familie, der hl. Johannes Paul II., einmal wie folgt zusammengefasst hat:[1]

Als Gemeinschaft des Lebens und der Liebe sind die Aufgaben der Familie
1) die Bildung einer Gemeinschaft von Personen,
2) der Dienst am Leben,
3) die Teilnahme an der Entwicklung der Gesellschaft,
4) die Teilnahme an Leben und Sendung der Kirche.

---

[1] Vgl. Apostolisches Schreiben *Familiaris Consortio* über die Aufgaben der christlichen Familie in der Welt von heute. (VApS 33), Nr. 17.

Im Plan Gottes, des Schöpfers und Erlösers, findet die Familie ihre „Identität". Davon ausgehend versteht sie, was sie „ist" und auch ihre „Sendung", also das, was sie „tun" kann und muss. Die Aufgaben, zu deren Erfüllung die Familie berufen ist, ergeben sich aus ihrem eigenen Wesen. Dann und nur dann lässt sich mit den Worten von Papst Johannes Paul II. sagen: Familie, „werde", was du „bist"![2]

Die Familie geht der Gesellschaft voraus und ist daher ihre Keimzelle; zugleich ist sie auch Hauskirche, Kirche im Kleinen. So wie Kinder in der Familie Tugenden und Prinzipien erlernen, so sollen sie dort auch den Glauben erlernen. Daher bedarf die Familie nicht nur der besonderen Wertschätzung, sondern auch des besonderen Schutzes.

Es ist eine dringliche Aufgabe der Kirche, Familien zu stärken, sie auf dem gemeinsamen Weg zu ermuntern und zu begleiten. Dabei wird es immer wichtiger, Familien anzuregen, sich zur Verteidigung und Förderung ihrer Rechte zusammenzuschließen, um so in der heutigen Welt bestehen zu können und der Gesellschaft Halt und Orientierung zu geben. Daher müssen die Rechte der Familie geschützt und die Institution Familie gestärkt werden. Nur so wird die heutige und die zukünftige Gesellschaft Bestand haben. Als Kirche und als Einzelne dürfen wir nicht müde werden, die unersetzliche Bedeutung der Familie für Gesellschaft und Kirche darzulegen und darauf zu achten, dass Familien und Eltern die notwendige Unterstützung und Ermutigung erhalten, um ihren Aufgaben gerecht zu werden.

Das Symposium „Familie – Keimzelle der Gesellschaft und Kirche im Kleinen", das am 10. Juni im Au-

---

[2] Vgl. ebd.

gustinianum in Rom stattfand und von der Gesellschaft kirchlicher Theologie (*Societas Theologiae Ecclesiasticae*) in Zusammenarbeit mit der *Fundatio Christiana Virtus* e.V. veranstaltet wurde, hat sich diesen Themen gestellt. Die Referentinnen und Referenten haben über die „Familie" nachgedacht und in einem abschließenden Podiumsgespräch Probleme und Herausforderungen thematisiert und Lösungen aufgezeigt. Ihre Vorträge sind in diesem Band veröffentlicht und durch einen weiteren Beitrag ergänzt worden. Es geht u. a. um den Plan Gottes über die Familie sowie die notwendige Verschiedenheit von Mann und Frau, die konstitutiv für jede Familie ist. Herausforderungen und Schwierig-keiten, besonders im Hinblick auf Entwicklungen der Familienpolitik in Europa, werden angesprochen. Dazu gehören sowohl gesellschaftliche Herausforderungen als auch technische Möglichkeiten, die beispielsweise durch die künstliche Befruchtung zugänglich sind und für Familien eine Herausforderung darstellen. Darauf werden Lösungen und Antworten gegeben, ein Blick auf die Seelsorge mit Familien rundet die Überlegun-gen ab.

Rom, 29. Juni 2022,
Hochfest der Apostelfürsten Petrus und Paulus
Markus Graulich SDB

Stephan Kampowski

Gottes Plan – die Familie?

1. Schöpfungsordnung und natürliche Familie

In seinen von 1979 bis 1984 gehaltenen Mittwochskatechesen behandelte der heilige Papst Johannes Paul
II. die „menschliche Liebe im göttlichen Heilsplan."[1]
Die Ehe, so führt er darin aus, wurde vom Schöpfer
eingesetzt und „hat einen unauflöslichen Charakter,
wie es der ehelichen Einheit von Mann und Frau nach
Gottes Plan entspricht."[2] Indem er die Worte Christi über den Anfang betrachtet, möchte er eine „Theologie des Leibes" entwickeln,[3] „von der sich die echt
christliche Sicht der Ehe und Familie ergibt". Johannes
Paul II. spricht hier in einem Atemzug von „Ehe" und
von „Familie", sowie von „Ehe" und „Fortpflanzung"[4]
und führt innerhalb seiner Katechesen aus, dass der
menschliche Leib sowohl eine bräutliche[5] als auch eine
generative Bedeutung habe, die so weit gehe, dass „die

---

[1] Johannes Paul II., *Die menschliche Liebe im göttlichen Heilsplan.*
Eine Theologie des Leibes, in: Norbert und Renate Martin (Hg.),
Kisslegg 2011, 701: „Die Reihe der Katechesen, die ich vor mehr
als vier Jahren begonnen habe und heute abschließe, kann man
unter dem Titel »Die menschliche Liebe im göttlichen Heilsplan«
… zusammenfassen" (133. Katechese vom 28. November 1984).

[2] Ebd., 434 (73. Katechese vom 10. März 1982).

[3] Ebd., 190 (23. Katechese vom 2. April 1980).

[4] Ebd.

[5] Ebd., 145 (14. Katechese vom 9. Januar 1980).

Männlichkeit … die Bedeutung der Vaterschaft und die Weiblichkeit die der Mutterschaft [in sich birgt]."[6] Von der Familie als Plan Gottes zu sprechen bedeutet somit, die Familie als in der Schöpfungsordnung verankert zu sehen. Die Schöpfungsordnung wiederum ist die Ordnung der Natur.

Im Grundsatz entspricht das, was Johannes Paul II. in seinen Mittwochskatechesen darlegt, nicht nur der christlichen, sondern der gesamten abendländischen Tradition, einschließlich des römischen und griechischen Altertums: es gibt einen Zusammenschluss von Mann und Frau im Hinblick auf die Zeugung und Erziehung von Nachkommen[7]. Einer so gearteten Verbindung gab man den noch bis vor kurzem dafür exklusiv genutzten Namen „Ehe". Eine so verstandene Ehe war wiederum selbstverständlich die Grundlage der Familie als Netz-

---

[6] Ebd., 187 (22. Katechese vom 26. März 1980), Übersetzung korrigiert.

[7] So zum Beispiel schon bei Aristoteles: „Die Gemeinschaft, die in Übereinstimmung mit der Natur zur Befriedigung der Alltagsbedürfnisse gebildet ist, ist der Haushalt (= die Familie)." Aristoteles, *Politik*, Hamburg 2012, Buch I, Kapitel 2, 1252bd. Dieser Haushalt (der *oikos*: die Familie) kommt für ihn in erster Linie durch den Zusammenschluss von Mann und Frau zwecks Zeugung von Nachkommenschaft und in zweiter Linie durch die Beziehung von Herren und Sklaven zustande (ebd., I, 2, 1252a). Sicher würden wir heute nicht mehr meinen, die Beziehung von Herren und Sklaven gehöre natürlicherweise zum Familienbegriff, selbst wenn sich unser Wort „Familie" vom lateinischen „famulus" (Hausangestellter, Diener) ableitet. Aber schon Aristoteles selbst konnte an funktionale Äquivalente für die Rolle des Sklaven im Haushalt denken – den Stier, zum Beispiel (ebd., I, 2, 1252b). Dagegen ist es für ihn alternativlos und wesentlich für die Bildung eines *oikos*, dass sich zuallererst „diejenigen als Paar zusammenschließen, die nicht ohne einander leben können, das Weibliche und das Männliche zum Zwecke der Fortpflanzung" (ebd. I, 2, 1252a).

werk von Verwandtschaftsbeziehungen, wie etwa Vater, Mutter, Sohn, Tochter, Bruder, Schwester, Onkel, Tante, Neffe, Nichte, Cousin, Cousine. In genannten Fällen sprechen wir von Blutsverwandtschaft, entweder in der linearen oder der kollateralen Linie. Aber es gibt auch Verwandtschaftsbeziehungen, die nicht auf Blutsverwandtschaft, sondern auf einem unwiderruflichen Versprechen basieren, einem Versprechen wie den Rechtsakt der Adoption und natürlich das Eheversprechen selbst, das die Eheleute zu Verwandten macht und ihre jeweiligen Herkunftsfamilien in die sogenannte Beziehung der Affinität setzt, wie etwa Schwager, Schwägerin, Schwiegervater, Schwiegermutter …

Die Erfahrung der Ehe und Familie in diesem Sinne ist so tief in der Menschheit verankert, dass man sich fragen muss, wie es dazu kommen konnte, dass eine derart fundamentale Wirklichkeit in vielen Gesellschaften der heutigen Zeit nicht mehr in ihrem Wesen wahrgenommen wird und die Gesetzgebung und Rechtsprechung willkürlich die Namen „Ehe" und „Familie" anderen Beziehungsarten gibt, die an sich nichts mit Ehe und Familie im überlieferten Wortgebrauch zu tun haben. Stellen wir uns vor, der Deutsche Bundestag würde ein Gesetz erlassen, in dem es heißt, der Gebrauch des Namens „Brot" sei großzügig auszuweiten und fortan auch auf die ehemals mit „Stein" bezeichnete Wirklichkeit anzuwenden. Und es ist wahr: Brot kann verhärten. Es mag gar versteinern. Aber von seinem ursprünglichen Wesen her hat es einen Nährwert; es ist überlebenswichtig. Brot und Steine sind von komplett anderer Art, so dass dann die erste Frage gar nicht wäre, ob es Brot nach dem Plan Gottes gebe, sondern wie es dazu kam, dass die deutschen Volksvertreter und mit ihnen weite Teile der Gesellschaft nicht mehr in der Lage sind, den Unterschied zwischen Brot und Steinen zu erkennen. Dies ist die Frage, mit der wir uns im Folgenden beschäftigen wollen.

2. „Ehe für alle" und neue „Familien"

Schauen wir uns zunächst einmal an, was genau passiert ist, um uns dann zu fragen, wie es passieren konnte. Am 1. Oktober 2017 trat in Deutschland das sogenannte „Eheöffnungsgesetz" in Kraft. Seit diesem Tag können gleichgeschlechtliche Paare in Deutschland eine „Ehe" eingehen, wie sich das Gesetz weiterhin ausdrückt, und sie können dann auch gemeinsam Kinder adoptieren. Ein analoges Rechtsinstitut gibt es in den Vereinigten Staaten von Amerika schon seit 2015, auch wenn man dort die Gesetzgebung gerne den Gerichten überlässt, dort also kein entsprechendes Gesetz existiert, sondern bloß das Grundsatzurteil des Obersten Gerichtshofs vom 26. Juni 2015 (Obergefell v. Hodges). Ob das Gesetz nun von einem Parlament oder von einem Gerichtshof gemacht wurde, das Resultat ist das gleiche: Es gibt nun in beiden Ländern – und momentan in 29 weiteren[8] – das, was in Deutschland mit dem Begriff „Ehe für alle" ausgedrückt wird. Es gibt hier also verschiedene gesellschaftlich anerkannte Formen von „Ehe" und somit auch verschiedene Arten von „Familien".

Nun könnte man meinen, die Ausweitung des Privilegs der öffentlichen Anerkennung auf alle möglichen Arten von Partnerschaften sei einfach eine Geste der

---

[8] Vgl. Human Rights Campaign, „Marriage Equality Around the World", in: https://www.hrc.org/resources/marriage-equality-around-the-world [7.6.2022].

Großzügigkeit, die die Rechte anderer nicht verletzte. Schließlich werde ja niemand gezwungen, eine gleichgeschlechtliche Ehe einzugehen, nach dem Motto: „Du magst keine gleichgeschlechtliche Ehe – dann schließe halt keine …". Niemand zwingt Dich zu tun, was Du nicht gut findest. Fordert der Gesetzgeber in Deutschland die Bürger nicht lediglich dazu auf, eine großzügige Toleranz gegenüber Andersdenkenden und Andersfühlenden an den Tag zu legen? Warum sollte die gleichgeschlechtliche Ehe zweier Menschen der verschiedengeschlechtlichen Ehe anderer Menschen einen Schaden zufügen? Verdienen Liebe, Zuneigung und Engagement nicht öffentliche Anerkennung, unabhängig von der zufälligen Zusammensetzung eines Paares in Bezug auf das biologische Geschlecht?

Oberflächlich betrachtet haben diese Überlegungen einen gewissen Reiz. Aber man kann die Dinge auch aus einem anderen Blickwinkel betrachten. Am 27. Juni 2017, wenige Tage vor der Abstimmung des Deutschen Bundestages über die gleichgeschlechtliche Ehe, veröffentlichte Reinhard Müller, leitender Redakteur der *Frankfurter Allgemeinen Zeitung,* einen kurzen Meinungsbeitrag zu diesem Thema, in dem er überzeugend darlegte, worum es nach seiner Sicht geht. Er weist darin auf die offensichtliche Tatsache hin, dass die „Ehe für alle" in Wirklichkeit die „Ehe für keinen" bedeutet.[9] Wenn jede Art von Verbindung als besonders privilegiert anerkannt wird, dann ist keine mehr privilegiert. Wenn alles Ehe ist, dann ist nichts mehr Ehe. Daher bedeutet das Eheöffnungsgesetz seiner Meinung nach das Ende

---

[9] Vgl. Reinhard Müller, „Ehe für keinen", *Frankfurter Allgemeine Zeitung,* 27. Juni 2017, in: https://www.faz.net/aktuell/politik/inland/kommentar-zur-ehe-fuer-alle-die-ehe-wird-abgeschafft-15079952.html [7.6.2022].

der Ehe als Rechtsinstitut in Deutschland. Er verweist auch auf die unbestreitbare Tatsache, dass nur eine Verbindung zwischen einem Mann und einer Frau in der Lage ist, Kinder hervorzubringen, und deutet an, dass dieser in einer biologischen Tatsache gründende Unterschied wichtig genug sein mag, um einen Unterschied in Fragen der rechtlichen, öffentlichen Anerkennung zu rechtfertigen. Mit anderen Worten – und das geht über die kurze Darstellung Müllers hinaus – kann und muss man von Ungerechtigkeit nicht nur in den Fällen sprechen, in denen Gleiches unterschiedlich behandelt wird, sondern auch in den Fällen, in denen das, was wirklich unterschiedlich ist, so behandelt wird, als wäre es etwas Gleiches.

In letzter Konsequenz muss man also urteilen, dass einige Länder effektiv die Ehe als Rechtsinstitut abgeschafft und sich somit auch vom natürlichen Familienbegriff verabschiedet haben. Andere Länder stehen kurz davor. Selbst in der Kirche gibt es starke Strömungen in diese Richtung, wie sie sich etwa beim sogenannten „synodalen Weg" in Deutschland zeigen. Wie konnte es soweit kommen? Die Tatsache ist, dass sich der Ehebegriff, unter Verlust seiner Substanz, schon vor Jahren und Jahrzehnten grundlegend gewandelt hatte. Was man weitläufig als „Ehe" bezeichnet ist schon seit Jahrzehnten eine rein auf Zuneigung basierende Verbindung mit einigen – aus einer noch anderen Zeit herrührenden – Vorrechten und ohne gesellschaftliche Sendung oder Verpflichtungen. So ist denn für den amerikanischen Theologen Scott Hahn die gleichgeschlechtliche „Ehe" auch „nicht Ursache, sondern Symptom des Problems."[10]

---

[10] Vgl. Scott Hahn, *The First Society. The Sacrament of Matrimony and the Restoration of the Social Order*, Steubenville: OH 2018, 3-4: "The truth is that these rulings [of the US Supreme Court

3. Gleichgeschlechtliche Liebe als neues Paradigma der Liebe

Die „Ehe für alle" ist nur die letzte Konsequenz eines Eheverständnisses, das sich im westlichen Denken seit der sexuellen Revolution immer weiter ausgebreitet hat und dort immer tiefer verankert ist. Das Hauptmerkmal der sexuellen Revolution ist die grundlegende Trennung von Sexualität und Fruchtbarkeit. Ehepartner zu sein bedeutet heute in erster Linie gesellschaftlich anerkannte Geschlechtspartner zu sein, die eine gewisse Verbindlichkeit miteinander eingegangen sind. Auf begrifflicher Ebene werden dabei Ehemann- und Ehefrausein von Vater- und Muttersein komplett geschieden. Kinder werden heute eher zufällig in die eheliche oder partnerschaftliche Beziehung hineingeboren. Sie resultieren dann entweder aus einem „Unfall" – die Kontrazeptiva haben nicht funktioniert – oder aus einer spezifischen, besonderen Entscheidung der Eheleute oder zumindest eines Elternteils, Eltern werden zu wollen.[11] Auch nach der eventuellen Geburt eines Kindes

---

on same-sex marriage] only codified the cultural facts on the ground. The vast majority of Americans already considered marriage nothing more than a government-recognized pact of affection and commitment. Opposition to same-sex marriage evaporated so quickly once the concept gained momentum because the popular understanding of marriage left no principled ground on which to oppose the innovation. … Same-sex marriage isn't the cause; it's a symptom."

[11] Vgl. Livio Melina, *Für eine Kultur der Familie. Die Sprache der Liebe,* Altötting 2015, 213: „Für den Menschen unserer hoch entwickelten westlichen Gesellschaft nimmt die Zeugung eines Kindes immer mehr die Form einer Entscheidung an, zu der schwerwiegende Überlegungen gehören. Früher war es selbstverständlich, dass diejenigen, die heirateten, auch Kinder haben

definiert sich die Beziehung dann nicht in erster Linie durch das gemeinsame Vater- und Muttersein, sondern durch das gemeinsame Geschlechtspartnersein.

Man kann aber nur Geschlechtspartner sein ohne daran zu denken, möglicherweise Vater und Mutter der gemeinsamen Kinder zu werden, wenn der Geschlechtsakt als *ursprünglich* steril gedacht wird. Hier ist das Resultat der sexuellen Revolution: mit ihrer Trennung von Sexualität und Fruchtbarkeit hat sie den Sex im Denken einer ganzen Generation steril gemacht. Die „Ehe für alle" hat in Deutschland so wenig Aufsehen erregt, weil der homosexuelle – das heißt der sterile – Sex mittlerweile zum Paradigma der Sexualität geworden ist. Schon in den 1980er Jahren schrieb italienische Philosoph Augusto del Noce in einem Brief an Rodolfo Quadrelli diese bewegenden Zeilen: „Der heute gängige Nihilismus … [hat] sein Symbol in der Homosexualität … (in der Tat kann man sagen, dass er die Liebe immer homosexuell versteht, auch wenn er die Beziehung zwischen Mann und Frau aufrechterhält)"[12].

Der Schlachtruf der politischen Homosexuellenbewegung „Liebe ist Liebe" ist natürlich komplett richtig, *wenn* wir Liebe als reine Zuneigung verstehen. *Wenn* nun sexuelle Handlungen nicht mehr sind als Ausdruck

---

würden. Vater- und Mutterschaft wurden als natürliche Aufgabe betrachtet, die man zusammen mit vielen anderen Pflichten, die zum Leben gehören, übernahm. Die Fortpflanzung war kein Wahlakt, sondern die natürliche Folge des Ehelebens."

[12] Augusto del Noce, *Lettera a Rodolfo Quadrelli,* 8. Januar 1984, zitiert nach M. Tringali, *Augusto Del Noce interprete del Novecento,* Aosta 1997, 142: "Il nichilismo oggi corrente è il nichilismo gaio, nei due sensi che è senza inquietudine […] e che ha il suo simbolo nell'omosessualità (si può infatti dire che intende l'amore sempre omosessualmente, anche quando mantiene il rapporto uomo-donna)".

der Zuneigung und die Ehe nichts weiter ist, als die öffentliche Anerkennung von auf Zuneigung basierender Verbindungen, *dann* gibt es keinen ersichtlichen Grund, warum zwei Männer oder zwei Frauen nicht heiraten sollten. Es gibt dann übrigens auch keinen Grund, die Anzahl der Ehepartner auf zwei zu beschränken. Hat Sexualität nun nichts mehr mit Zeugung zu tun und wird sie zu einem reinen Ausdruck von Zuneigung, dann gibt es keinen über den ästhetischen Aspekt hinausgehenden Unterschied zwischen gleichgeschlechtlichen sexuellen Akten und sexuellen Akten zwischen Mann und Frau.[13] *Durch die Trennung von Sexualität und Fruchtbarkeit werden Sexualität und Liebe wesentlich homosexuell verstanden.* Die „Ehe für alle" in Deutschland und die „*same-sex-marriage*" in den Vereinigten Staaten sind nur der letzte konsequente Ausdruck eines Verständnisses von Sexualität und Ehe, das sich seit der sexuellen Revolution schon seit Jahrzehnten immer mehr verbreitet hat.

Können solche Arten steriler Verbindungen – ob sie nun aus Mann und Frau, aus Mann und Mann oder Frau und Frau oder auch aus mehr als zwei Partnern besteht – dem Plan Gottes entsprechen? Papst Franziskus macht geltend, dass Menschen zwar in den verschiedenartigsten Verbindungen die Erfahrung eines gewissen Halts machen können, dass aber dennoch „die eheähnlichen Gemeinschaften oder die Partnerschaften zwischen

---

[13] Vgl. Gertrude Elizabeth Margaret Anscombe, „Empfängnisverhütung und Keuschheit," in: Roland Süßmuth (Hg.), *Empfängnisverhütung. Fakten, Hintergründe, Zusammenhänge,* Holzgerlingen 2000, 1020: „Aber wenn antikonzeptioneller Geschlechtsverkehr in Ordnung ist, dann wird es unmöglich, zum Beispiel homosexuellen Verkehr für falsch zu halten. Damit sage ich nicht: Wer Verhütung für gut hält, wird diese anderen Dinge tun. Ich meine nur, man hat dann keine stichhaltigen Gründe mehr gegen diese Dinge."

Personen gleichen Geschlechts ... nicht einfach mit der Ehe gleichgestellt werden" können. Er fährt dann fort und führt ganz trocken einen scheinbar recht pragmatischen Grund für diese Aussage an, der uns in seiner Dringlichkeit jedoch aufhorchen lassen sollte: „Keine widerrufliche oder der Weitergabe des Lebens verschlossene Vereinigung sichert uns die Zukunft der Gesellschaft"[14]. Hier sei zu betonen, dass natürlich nicht nur die Zukunft der Zivilgesellschaft, sondern auch die der *societas ecclesiae,* der kirchlichen Gesellschaft auf dem Spiel steht. Der Plan Gottes, so möchte man meinen, sieht vor, dass sowohl das zivile als auch das kirchliche Gemeinwesen fortfahren zu existieren. Der Unterschied zwischen Verbindungen, die im Dienst des Gemeinwohls die Zukunft der Gesellschaft garantieren, und Verbindungen, die von ihrer Natur her in diesem Sinne nichts dazu beitragen, ist qualitativ, wesentlich. Es muss im Interesse der zivilen und kirchlichen Autorität sein, dass sich die Bürger und Gläubigen dieses wesentlichen Unterschieds wieder bewusst werden.

4. Vom Sinn und Ziel der Ehe

Was kann man tun, damit der Unterschied wieder klar wird? Meines Erachtens ist es dazu nicht nur hilfreich, sondern absolut unablässig, ein altes und recht unpopulär gewordenes Thema noch einmal neu zu beleuchten. Es handelt sich um das Thema der sogenannten „Ehezwecke", auch wenn es vielleicht besser ist, und

---

[14] Franziskus, Nachsynodales Schreiben *Amoris laetitia,* 19. 3. 2016, in: https://www.vatican.va/content/francesco/de/apost_exhortations/documents/papa-francesco_esortazione-ap_20160319_amoris-laetitia.html [7.6.2022], 52.

ich es hier vorziehe, in Anlehnung an den lateinischen Begriff *finis,* von Ehe*zielen* zu sprechen. Das Wesen einer Sache wird von ihren Zielen definiert. Um zu wissen, was die Natur einer bestimmten Wirklichkeit ist, muss ich wissen, wozu sie da ist, so sie eine bloße Sache ist, oder worum es ihr geht, so sie ein Lebewesen ist. In der traditionellen Ehelehre wurde die Ehe anhand von drei Ehezielen definiert: Ziele, die ihr Wesen beschreiben und charakterisieren und sie zugleich als Basis der Familie beschreiben. Die Fortpflanzung und Erziehung der Nachkommenschaft wurde als erstes Ziel betrachtet. Als zweites Ziel wurde die gegenseitige Hilfestellung der Eheleute bei der Bewältigung der Herausforderungen des Lebens genannt und als drittes wurde das *remedium concupiscentiae* angeführt, was oftmals als eine Art Ablassventil für das sexuelle Begehren interpretiert wurde, was man aber wohl angemessener als Heilmittel für die Konkupiszenz verstehen darf: das sexuelle Begehren wird in den Kontext des personalen und liebenden Umgangs eingefügt und erfährt somit eine Heilung von der ihm aufgrund des Sündenfalls innewohnenden Unordnung.

Gegen die Lehre der drei Eheziele und besonders gegen den Primat der Fortpflanzung und Erziehung von Nachkommenschaft wurde der Einwand erhoben, man verfehle ganz die Rolle der gegenseitigen Zuneigung, der liebenden Gemeinschaft und ehelichen Freundschaft. Besonders im Deutschen hat die Rede von den Ehe*zwecken* eine solche Fehlinterpretation gefördert. Ein Zweck reduziert alles ihm Dienliche auf den Status bloßer Mittel. Ein Ziel hingegen lässt uns nicht an *Mittel,* sondern an *Wege* denken, Wege, die zum Ziel führen. Ist die Reise schöne, so sagen wir schon mal der Weg sei selbst das Ziel. Von einem Mittel würden wir nie sagen, es sei selbst der Zweck. Indem man sich in Gesellschaft und Kirche aus guten Gründen von der *falsch* verstandenen Lehre der Eheziele abwendete, brachte man sich leider auch um die Möglichkeit, diese Lehre *richtig* zu verstehen. Eine gesellschaftliche Institution ohne Ziele ist eine Institution ohne Sinn, ohne Natur, ohne Wesen. Es ist eine unförmige Absonderlichkeit, der man nun willkürlich jeden Inhalt geben kann, den man möchte.

Es ist dabei wichtig zu betonen, dass sich die kirchliche Autorität nie *gegen* die Lehre der Eheziele ausgedrückt hat. So hat das Zweite Vatikanische Konzil in der Hoffnung, sich der im 20. Jahrhundert vorherrschenden Polemik entziehen zu können, in seiner Abhandlung über Ehe und Familie die Terminologie der Eheziele zwar vermieden, es hat diese Lehre ihrem Gehalt nach allerdings bekräftigt. So lesen wir in der Pastoralkonstitution *Gaudium et spes:* „Durch ihre natürliche Eigenart sind die Institution der Ehe und die eheliche Liebe auf die Zeugung und Erziehung von Nachkommenschaft hingeordnet und finden darin gleichsam ihre Krönung."[15] Das, auf was etwas hingeordnet ist, ist eben das Ziel der Sache. Wer „Hinordnung auf" sagt, spricht zumindest implizit auch von „Ziel".

Ein kirchliches Dokument, das besonders hilfreich sein kann um zu verstehen, was mit den Ehezielen ursprünglich gemeint war, und wieso die Idee der Fortpflanzung und Erziehung von Kindern als Primärziel der Ehe nicht im Geringsten bedeutet, die eheliche Gemeinschaft und Freundschaft auf ein bloßes Mittel zum Kinderbekommen herabzusetzen, ist die Enzyklika *Casti Connubii* von Papst Pius XI. aus dem Jahr

---

[15] GS, 48.

1930. Darin greift der Papst zunächst die traditionelle Terminologie auf und schreibt ganz klar: „Das erste Ziel der Ehe ist die Zeugung und Erziehung von Nachkommenschaft."[16] Ein paar Seiten weiter vollzieht er dann aber einen ganz erstaunlichen Schritt, wenn er sagt: „Diese gegenseitige innere Ausformung der Gatten, dieses ständige Bemühen, sich wechselseitig zu vervollkommnen, kann in einer gewissen sehr wahren Weise … sogar der vornehmliche Grund und Sinn der Ehe genannt werden, sofern man nur die Ehe nicht im engeren Sinne als eine Einrichtung zur rechtmäßigen Erzeugung und Erziehung von Nachkommenschaft, sondern im weiteren Sinne als eine Vereinung, Vertrautheit und Gesellung des ganzen Lebens auffasst"[17]. Diese letzte Passage trägt deutlich „personalistische" Züge, in denen Pius XI. den hohen Wert des gemeinschaftlichen Zusammenlebens der Ehepartner würdigt und es gar über den traditionellen Eheziehen selbst anzusiedeln scheint. Widerspricht sich der Papst hier? Hat er schon wieder vergessen, was er erst ein paar Zeilen vorher geschrieben hat, als er vom ersten Eheziel der Zeugung und Erziehung von Nachkommenschaft sprach?

Bei genauer Betrachtung der beiden Passagen fällt auf, dass er hier zwischen *Ziel* und *Sinn* unterscheidet[18].

---

[16] Pius XI., Enzyklika *Casti Connubii*, 31.12.1930, „Matrimonii finis primarius est procreatio atque educatio prolis", in: https://www.vatican.va/content/pius-xi/la/encyclicals/documents/hf_p-xi_enc_19301231_casti-connubii.html [7.6.2022].

[17] Ebd., Übersetzung nach Heinrich Denzinger und Peter Hünermann, *Enchiridion Symbolorum Definitionum et Declarationum de Rebus Fidei et Morum, Kompendium der Glaubensbekenntnisse und kirchlichen Lehrentscheidungen,* Lateinisch-Deutsch, Freiburg i. Br. [44]2014, 940-941, 3707.

[18] Die Wichtigkeit dieser Unterscheidung erkannte schon Herbert Doms in seinem sehr einflussreichen und bei Erscheinen sehr

Nun mag der Sinn einer Sache über ihr Ziel hinausgehen. Ihr Sinn mag wichtiger sein als ihr Ziel und doch kann es sein, dass der Sinn nur unter der Bedingung des Zieles existiert, durch dieses erst zustande kommt und ganz von ihm her definiert wird. Erlauben Sie mir hier ein Beispiel. Es lassen sich Sinn und Ziel einer Pilgerreise ganz klar unterscheiden. Was ist der Sinn einer Pilgerschaft? Worum geht es dem Pilger letzten Endes? Er möchte Gott suchen, beten, eine geistliche Erfahrung machen. Was ist das Ziel einer Pilgerreise? Es handelt sich um einen Wallfahrtsort, ein Heiligtum, wie z.B. Altötting. Das Wichtigste an der Pilgerschaft ist ihr Sinn: es geht darum, Gott zu suchen und sich ihm zu öffnen. Doch hilft mir dieser Sinn nun nicht, eine Pilgerreise als solche zu definieren. Man kann Gott auf vielerlei Weisen suchen, ihm Zeit geben und zu ihm beten, ohne eine Pilgerreise zu unternehmen. Was die Pilgerreise zur Pilgerreise macht, ist, dass sie eine Reise ist, die auf ein Heiligtum hin ausgerichtet ist. Es handelt sich um eine Reise, die ein Heiligtum *als* Heiligtum zum *Ziel* hat, und das ist übrigens ganz unabhängig davon, ob man es letztendlich schafft, bis zum Heiligtum zu kommen oder nicht. Auch wer seine Pilgerreise aufgrund von Verletzungen oder ähnlicher Umstände vorzeitig abbricht, war zuvor die ganze Zeit als Pilger unterwegs. Das Bestimmende ist hier das Ausgerichtet-sein auf das Ziel. Ist das Heiligtum hingegen nun nicht mehr das Ziel, so sprechen wir nur noch von

---

kontrovers diskutierten Buch *Vom Sinn und Zweck der Ehe,* Breslau 1935. Doms gilt heute als einer der Vordenker des personalistischen Eheverständnisses, das bei allem Verdienst jedoch dahin tendierte, die Wichtigkeit des Primärzieles der Ehe zu verkennen und somit half, den oben beschriebenen Entwicklungen Vorschub zu leisten.

einer Wanderung und sei es eine Gebetswanderung, aber es ist dann keine Pilgerreise mehr.

Analog kann man auch das Ziel und den Sinn der Ehe unterscheiden. Dann ist das erste *Ziel* der Ehe – nämlich das, was sie als Ehe definiert – das Ausgerichtet-sein auf Zeugung und Erziehung von Nachkommenschaft, und dies sogar unabhängig davon, ob Gott dem Ehepaar tatsächlich Kinder schenkt oder nicht. Der Sinn geht noch weit darüber hinaus, ist aber für seine Existenz vom Vorhandensein des Zieles im Sinne der Ausrichtung abhängig. Es ist in einer so definierten Gemeinschaft, dass man eine menschliche Nähe und Art von Freundschaft erfährt, die in ihrer Intensität und Intimität einzigartig ist. Wie es auf der Erde keine tiefere Vereinigung von zwei Menschen gibt, als Vater und Mutter gemeinsamer Kinder zu sein, so wird es auch schwerlich einen größeren Ausdruck der Liebe geben, als zum anderen zu sagen: „Ich will, dass du die Mutter/der Vater meiner Kinder wirst." In dieser Hinsicht bedeutet, Ehemann einer Frau zu sein, der potentielle Vater ihrer Kinder zu sein, und Ehefrau eines Mannes zu sein, bedeutet die potentielle Mutter seiner Kinder zu sein. Die Tatsache, dass Mann und Frau einander auf diese Weise sehen, bedeutet keine Instrumentalisierung im Hinblick auf die Zeugung von Nachkommenschaft. Es bedeutet lediglich, dass die eheliche Liebe auf die Bildung einer Familie hingeordnet ist, und dass die eheliche Freundschaft hierin ihre spezifische Eigenschaft hat, die sie von jeder anderen Art von Freundschaft unterscheidet.

Gibt es nun die *eine* Familie nach Gottes Plan? Ergibt es auch heute noch Sinn, von einer *natürlichen*, in der Schöpfungsordnung gegründeten Familie zu sprechen? Die vorausgegangenen Erläuterungen sollten zeigen, warum sich diese Frage überhaupt stellt. Wie kam es dazu, dass man heute vielerorts nicht mehr von *der* Ehe und *der* Familie spricht, sondern von verschiedenen Arten von „Ehe" und von unterschiedlichen Familienmodellen? Ich habe im Vorausgehenden argumentiert, dass der Ursprung dieser Entwicklung in der von der sexuellen Revolution vorgenommenen Trennung von Sexualität und Fruchtbarkeit liegt. Von einer „auf die Zeugung und Erziehung von Nachkommenschaft" hingeordneten Institution[19] wurde die Ehe zu einer auf gegenseitiger Zuneigung basierenden Einrichtung. Zuneigung aber können natürlich auch Menschen gleichen Geschlechts füreinander empfinden, wie übrigens auch Unverheiratete. Verliert die Ehe das, was für sie spezifisch ist, dann wird „Ehe" was immer man gerade „Ehe" nennen möchte. Damit wird auch der Familienbegriff willkürlich. Das Problem ist die Sterilität solcher Beziehungen. Um es nochmal mit Papst Franziskus zu sagen: „Keine widerrufliche oder der Weitergabe des Lebens verschlossene Vereinigung sichert uns die Zukunft der Gesellschaft."[20] Gott möchte, dass wir das Leben haben und es in Fülle haben (vgl. Joh 10:10). Daher kann nur diejenige Familie nach seinem Plan sein, die die Zukunft der Gesellschaft und der Kirche garantiert, und da kann es nur *eine* geben, nämlich die, die sich von ihrer Struktur her und ihrem Wesen nach ganz in den Dienst des Lebens stellt.

---

[19] GS, 48.

[20] Franziskus, Nachsynodales Schreiben *Amoris laetitia,* 52.

Hanna-Barbara Gerl-Falkovitz

Zum Glück verschieden:
Mann – Frau – Kind.
Oder:
Das Selbstverständliche neu entziffern

1. Zwei postmoderne Dynamiken
gegen das Selbstverständliche

Es gibt einen chinesischen Glückwunsch: Ich wünsche
Dir uninteressante Zeiten! Wir leben offenbar in inte-
ressanten Zeiten: Unsere Welt nennt sich „post" und
„trans" – Mann und Frau, wie dem Mutterleib entsprungen, waren einmal. „Fließende Identität" ist das Motto
der androgyn-multiplen Körperlichkeit der Techno-,
Pop- und Cyber-Kultur – alltäglich längst angekommen.
Utopien des totalen Selbstentwurfs setzen sich zunehmend durch. Man ist nicht nur seines Glückes Schmied,
sondern auch seines Körpers Schneider. Sogar die Frau-
enbefreiung hat ihr Subjekt verloren; Frauen „gibt" es
nicht einfach. Nicht mehr das biologische, sondern einzig das soziale oder zugeschriebene oder selbstgewählte
Geschlecht ist im allgegenwärtigen Gender-Sprech wichtig. Das irritierende Spiel mit dem eigenen Fleisch ver-
wischt alle Grenzen – Dekonstruktion ist das neue Fanal.
Zwei Geschlechter? Nein: Vierundsechzig (oder mehr).

Das hat gewaltige ethische Folgen. *Gender nauting*,
das Navigieren zwischen den Geschlechtern, will konkret ein Ausschöpfen *aller* sexuellen Möglichkeiten, besonders der Gleichgeschlechtlichkeit. „Zwangsheterose-

xualität" sei nichts als ein durchschaubares Machtspiel. Polyamorie fordert die Einehe heraus. Immer neue „Inszenierungen" des Geschlechts heben den angeblich starren Körperbegriff auf – teils fiktiv in spielerischer Virtualität (transgender), teils real mit Hilfe operativer und hormoneller Veränderung (transsexuell). Mann kann Frau werden, den eigenen Samen einlagern und eine gute Freundin bitten, Leihmutter zu werden – eine längst verwirklichte High-Tech-Kooperation. Das um 1900 aufgetauchte Schlagwort vom „Dritten Geschlecht" ist in Deutschland seit der Entscheidung des Bundesverfassungsgerichts 2017 rechtskräftig. Die Gender-Theorie ist auf dem Weg zur grundsätzlichen Überholung des eigenen Körpers.

Aber: Ist Geschlecht nur ein zufälliges „Beiwerk der Evolution" oder hat es einen konstitutiven Sinn? Auf dem Weg von den höheren Säugern zum Menschen gibt es mehrere Transformationen, die das Geschlecht an die Personwerdung binden. Aus tierischem Trieb wird menschliches Begehren, mehr noch: Begehren, begehrt zu werden; aus der Vermehrung wird Zeugung mit bleibender Verantwortung für das Gezeugte; aus dem Geschlechtsakt wird Ehe; aus der Ehe die generationenübergreifende Familie. So umgeformt wandeln sich naturale Anlagen in personale, bewusste Sinnhaftigkeit. Allerdings: Menschliche Sexualität ist nicht von sich aus für diese Stabilität „gesichert", kann zurückgleiten in den tierischen Trieb. Natur muss erst erzogen = kultiviert werden, sie ist keine gusseiserne Vorgabe. Und so wird sie in verschiedenen Kulturen verschieden überformt – das ist das Körnchen (freilich nur ein Körnchen) Wahrheit, das in „Gender" steckt. Wir „haben" nicht einfach einen Körper, wir müssen ihn gestalten: durch Kleidung, Benehmen, Selbstbeherrschung, Scham, Sitte ...

Die Gender-Theorie hätte niemals Erfolg gehabt, wären nicht zwei außerordentliche Dynamiken zur Stelle: die High-Tech-Medizin und das Autonomie-Streben des selbstbewussten Individuums. Die erste Dynamik ist der späte Ausläufer des neuzeitlichen Mensch-Maschinen-Modells, das heute bis zum Transhumanismus weitergeträumt wird. Dabei wird der lebendige Leib zum sachlichen Körper degradiert: Er lässt sich im Labor herstellen, steigern, optimieren, manipulieren, neuerdings sogar selbstbestimmt töten. In der „lichten Zukunft" steht der „Cyborg" = Cyber Organism, der durch Transplantate und Nanocomputer funktionsfähig erneuerbare Körper.

Die zweite Dynamik ist ein später Ausläufer der Aufklärung: des hochgesteigerten Freiheitswillens der „Western Civ". Damit kommt eine maßlose Anstrengung ins Spiel: Aus „gegeben" soll „(selbst)gemacht" werden. Auch Geschlecht ist nicht mehr „datum", sondern „factum" – eine Art Software mit Mehrfachbeschriftung. Auch ohne medizinischen Eingriff genügt der imaginierte Selbstentwurf, zu irgendeinem oder gar keinem Geschlecht zu gehören.

Sind Bio-Mann und Bio-Frau demgegenüber hoffnungslos „vormodern"? Rein medizinisch gesehen ermöglichen Pubertätsblocker, Hormongaben, Operationen nur eine unvollständige Teil-Umwandlung; Fortpflanzung ist damit ohnehin unmöglich. (Übrigens wird immer öfter ein (unmögliches) Zurück zum „Original" gewünscht.) Und psychologisch gefragt: Ist Selbstablehnung nicht psychisch therapiebedürftig?

Aber nicht die Naturwissenschaft, nicht die Psychologie beantworten den Sinn, die Zielrichtung von Mann und Frau. Vielmehr ein alter Text, die Genesis.

2. Lockende Andersheit

Platon entwarf im *Symposion* einen Kugelmenschen, der sich selbst genügt – wäre das nicht eigentlich das Urbild des Menschen gewesen? Als die Kugel zur Strafe für ihre Überheblichkeit von Zeus („wie ein weiches Ei mit einem Haar") getrennt wird, zerfällt sie zu ihrem Unglück in zwei Hälften. Geschlecht ist Strafe bei den Griechen. Doch genau dasselbe wird in der Genesis als Glück gezeichnet: Eben die Zwei sind das Doppelbild des Unsichtbaren. Zwei Menschen erhalten das Antlitz des Einen aufgeprägt, zwei sollen fruchtbar sein, zwei sollen herrschen.

In diesem alten Text wird die Frau aus dem Mann genommen, sie ruht also schon längst in ihm, ein einziger Leib umfasst zwei Herzschläge. Aber diese Einheit ist noch stumm, sie kann sich selbst nicht sehen, nicht austauschen … und so richtet sich der Blick dieses Einen auf anderes, auf die Tiere, ohne dieser Sehnsucht zu genügen. Daher wird die stumme Einheit gelöst, nicht zur Strafe, sondern zum Glück. Glück im Sinn des völlig Passenden, völlig Entsprechenden: „Fleisch von meinem Fleisch", sagt der Mann zur Frau, da sie sich nun beide gegenüberstehen, endlich einander sichtbar. Sie werden nur im Blick der Verschiedenheit, des Abstands sie selbst. Genauer: Sie sind dasselbe, aber nicht das gleiche. Immer schon Eines, aber sich selbst nur im Anderen verstehbar. Im deutschen Wortstamm sind Liebe und Leib und Leben verwandt. Der lebendige Leib liebt den anderen lebendigen Leib und schafft darin selbst wieder Leben. Die Frau beseligt den Mann zu seinem Leben, der Mann beseligt die Frau zu ihrem Leben. „Eva" ist kein Eigenname, sondern „chawwa", wie Adam seine Frau nennt, heißt einfach Leben. Leben als fruchtbares. Die Frau wird nur am Mann zur Frau und dadurch zur Mutter; der Mann wird nur an der Frau zum Mann und dadurch zum Vater. Sie geben einander, was sie allein sich nie hätten geben können. Selbigwerden am anderen heißt es in philosophischer Sprache.

Die alte Geschichte enthält noch einen weiteren Schlüssel. Die Frau löst sich nicht selbst aus dem Einen, Ganzen, sie wird gelöst. Sie wird dem Mann göttlich zugeführt, sie ist letzte Gabe göttlicher Kraft an ihn wie er damit umgekehrt an sie; beider Lösung, beider Zusammenführen ist das ultimative Ereignis der Schöpfung. Es ist Tun eines Gottes. Tun eines Ursprungs, der nichts „noch Besseres" kennt. Er setzt nicht Vorrang des einen vor dem anderen, er setzt aber den Gabecharakter der Frau an den Mann.

Dies nimmt dem Unterschied seine Schärfe, seine Macht der Zerstörung des anderen. Dass Zerstörung möglich und geschichtlich wirksam ist, steht auf dem Blatt einer Schuld, die hier nicht zu behandeln ist. Aber zu dieser Schuld gehört auch die heutige Theorie, durch das Geschlecht unfrei zu sein.

Was die Genesis erzählt, ist sinnkonstitutiv. Die – gendertheoretisch völlig ausgesparte – Frage nach dem schöpferisch-göttlichen Sinn von Mann und Frau beantwortet sich so: Sie sind zu ihrem eigenen Glück verschieden – leibhaft, seelisch, geistig. Diese Vision zeigt gerade zum fremden Geschlecht eine göttliche Spannung, die Lebendigkeit des Andersseins und die Notwendigkeit wunderbarer Asymmetrie. Schöpferisches Anderssein im gemeinsam göttlichen Ursprung – daran verblassen alle Einebnungen, Dekonstruktionen, Neutralisierungen.

So kommt in der Liebe das *andere* Geschlecht entscheidend ins Spiel. Das Hinausgehen aus sich ist unvergleichlich fordernder, wenn es nicht nur auf ein anderes Ich, sondern auf einen anderen Leib trifft – auf unergründliche Andersheit, unergründliche Entzogenheit, manifest bis ins Leibliche, Psychische, Geistige hinein. Diesen Unterschied auszuhalten, vielmehr sich in ihn hineinzubegeben und hineinzuverlieren, erfordert mehr Mut als sich dem gleichen Geschlecht auszusetzen. Vielleicht ist wirklich nur die Liebe im Sinne von Tollkühnheit fähig, sich überhaupt einzulassen auf diese wirkliche Andersheit und sich nicht nur selbst zu begegnen. Wieviel Angst steckt in der Verweigerung des anderen Geschlechts?

Dieses andere Geschlecht ist nicht zu vereinnahmen, nicht auf sich selbst zurückzuspiegeln: Frau ist bleibendes Geheimnis für den Mann und umgekehrt. Der Mann wird nur an der Frau zum Mann und Vater, die Frau nur am Mann zur Frau und Mutter. Wer diesem zutiefst Anderen ausweicht, weicht dem eigenen Leben aus, auch der eigenen Kraft zum elterlichen Dasein, zum älteren Du.

3. Sprache des Leibes: Sprache der communio vitae

Die wiederkehrende Redewendung Johannes Pauls II. von der „Sprache des Leibes"[1] legt bei näherer Prüfung etwas Großentworfenes frei, das in die *communio vitae* der Geschlechter führt. Angezielt ist offenbar eine „Phänomenologie" der leiblichen Vorgegebenheit, die freilich

---

[1] Johannes Paul II., *Die Erlösung des Leibes und die Sakramentalität der Ehe. Katechesen 1981-1984*, in: Norbert und Renate Martin (Hg.), Vallendar-Schönstatt 1985.

nur in wenigen Zügen ausgearbeitet wird. Phänomenologie meint im Wortsinn ein „Zur-Erscheinung-Bringen", ein Freilegen dessen, was das Phänomen von sich selbst her zeigt. Das anthropologisch einzigartige Datum, dass nur Frau und Mann „ein Fleisch" werden und neues Leben im Fleisch hervorbringen, ist das Phänomen, um das es geht: Diese „Fleischwerdung" der beiden Geschlechter miteinander enthält bereits die Aussage, dass in der gegenseitigen Hingabe kein beliebiges und austauschbares Spiel steckt, sondern dass der Geschlechtsakt und die in ihm unerhört aufklingende emotionale und geistige und sich im Kind unmittelbar verkörpernde Erfahrung einzigartig sind. Einzigartiges aber ist von sich aus als tiefe Wirklichkeit, ja als die sonst (vielleicht gerne) verdeckte Tiefe der Wirklichkeit zu erfahren, die nicht beliebig abrufbar oder manipulativ zu „haben" ist.

Daher ist die Sprache des Leibes „von selbst" auf Dauer hingeordnet gegenüber dem, der sich ganz schenkt, weil sich im Schenken neue, alles verändernde Wirklichkeit auftut: Sie gelingt nur gemeinsam. Dauer meint Treue, und Treue meint wegen der Wucht und Einzigartigkeit des Liebeserlebnisses sowie der Zeugung und Geburt Ausschließlichkeit: „Du für immer". Sie meint weiterführend auch Unauflöslichkeit, der die Zeit nichts anhaben kann – denn solche Hingabe und die gemeinsame Zeugung eines Kindes sind nicht zurückzunehmen (obwohl die Abtreibung auch das versucht: das gewaltsame „Verstummen" des Leibes.). Freilich lehrt die Erfahrung, dass die Zeit ein solch tiefes Miteinander abflachen kann. Aber gerade daran ist abzulesen, dass die Sprache des Leibes nicht mehr gelingen kann, wenn sie nicht mehr durchpulst ist von Leben und Liebe und Ausschließlichkeit – von sich aus enthält der Leib jedoch jederzeit eine große gegenseitige Beseligung. Das führt zur Frage einer umfassenden „Erziehung" zur Ehefähigkeit, nicht aber zur Leugnung der Leibsprache als solcher.

Der Charakter der Hingabe kann freilich durch unreine und vordergründige geschlechtliche Akte verfälscht werden und wird beständig verfälscht. Der Leib kann nicht mehr „sprechen", wenn er sich an einschränkende Bedingungen halten muss: „Gib dich mir nur für den Augenblick; ich will meine Befriedigung, nicht deine Liebe; auf keinen Fall ein Kind …" Von sich aus betont aber die Hingabe in ihrer reinen Form die Einzigkeit des Du – diese Einzigkeit will grundsätzlich und nicht zeitabhängig bejaht werden. Wo Sexualität von Anfang an auf Pluralität ausgerichtet ist, zeitgeistig oder aus eigener Beschränkung heraus, gelangt die Sprache des Leibes gar nicht zu ihrer ganzen Selbstaussage: Sie versackt einfach im Selbstgenuss. Wie wenig das von dem Partner „verziehen" wird, zeigen die Mythen aller Jahrhunderte, die die dramatische Rache der Betrogenen ausmalen. Alltäglicher zeigen es die Entfremdungen: „Die vielen Verbrechen der Intimität, die ungesühnt bleiben. Die vielen trostlosen Falschheiten und Täuschungen des Zusammenlebens, die Verschlagenheiten der Liebe, Gemeinheiten und Verletzungen oft, die in jedem anderen sozialen Bereich undenkbar wären … Ist denn Intimität kein sozialer Bereich? Ich sehe Schuld und Übeltat, doch die Verhältnisse soufflieren mir etwas von Wechselseitigkeit, schwieriger Kindheit, Schwäche der Lebensführung, mangelndem Schuldbewusstsein, Launen und verlorener Beherrschung. Die Verhältnisse plädieren für Verzeihen, wo ich nur Unverzeihliches erkennen kann."[2]

---

[2] Botho Strauß, „Orpheus aus der Tiefgarage. Über Gene, Liebe und die Verbrechen der Intimität", in: Der Spiegel 9 (2004), 165.

Eindeutig gehört also zur Sprache des Leibes das Dauernde, das Ausschließliche, das Fruchtbare. All dies auf Dauer oder aus egozentrischen Gründen zu unterdrücken, chemisch zu nivellieren oder umgekehrt den Selbstgenuss zu stimulieren, macht aus dem Leib den „Körper", der als Objekt und nicht als Subjekt des Handelns oder besser des Geschehens gesehen wird. Er spricht nicht mehr mit, ist gleichsam *tabula rasa* der Manipulation. Auf dieser genuinen Mitsprache des Leibes beruht das kirchliche Verbot des unverbindlichen Verkehrs und der künstlichen Verhütung oder Befruchtung in allen technischen Variationen (deren Zwecke heute weit über das hinausgehen, was ursprünglich als „Hilfe" für unfruchtbare Ehepaare medizinisch verteidigt wurde).

4. Leitplanken der Liebe

Der tiefste anthropologische wie theologische Gedanke der Genesis ist wohl, dass die Liebesgemeinschaft von Mann und Frau eine Ahnung von der Liebesgemeinschaft in Gott selbst verleiht. Schon von der zweifachen Gestalt des Menschen her wäre klar, dass Gott nicht selbstgenügsam, schweigsam, verschlossen ist, vielmehr Hingabe, Gespräch, Beziehung – eben Liebe. Menschliche geschlechtliche Gemeinschaft als Abglanz der göttlichen Gemeinschaft – damit ist der griechischen Trauer über die Zweiheit des Menschen eine unglaubliche Antwort gegeben: statt Trauer die Seligkeit, Gottes innere Dynamik abzubilden.

Daher auch die Leitplanken der Liebe: Du allein – Du für immer – mit Dir fruchtbar. Diese Versprechen sind nicht zwanghaft, wenn sie bei der Eheschließung von der Kirche gefordert werden, sie sind ein inneres

Ethos, wörtlich der „Weidezaun", in dem Leben, Leib, Liebe gedeihen. Auch um den stets drohenden Abfall zu verhindern.

Diese Wahrheit ist lebensbestimmend: Wie tief in Ihm der Ursprung alles Lebendigen, alles Menschlichen, des Eros zwischen den Geschlechtern, ja der unbeschreiblichen Freude der Mutterschaft und Vaterschaft zu suchen ist. Deswegen ja auch die Fassung der Ehe als Sakrament: Gott als Weg von mir zu dir. Geschlechtlichkeit als Fenster und Durchsicht auf seine Gegenwart. Das II. Vatikanische Konzil hat dankenswert die Ehe"zwecke" umgestellt und die gegenseitige Liebe in die erste Bedeutung gehoben. Nicht minder aber ist es die Fruchtbarkeit, die als große, gottähnliche Gabe gesehen wird und die *Communio* besiegelt.

Die gleiche Würde des Sich-Gegebenseins nimmt dem (dennoch bleibenden) Unterschied seine Schärfe, seine Macht der Zerstörung des anderen. Der Unterschied zwischen Frau und Mann ist dann nicht mehr einengend, zum ständigen Überholen und Niederwerfen des anderen zwingend. Im Gegenteil: Er bleibt gerade seiner fruchtbaren Asymmetrie wegen wichtig. Asymmetrie ist ein Gesetz des Lebendigen, und übrigens auch des Schönen. Alles, was lebendig ist, was der Entwicklung und reizvollen Antwort auf Neues fähig ist, besteht nicht aus symmetrischen Kräften, die einander genau die Waage halten. Es setzt sich vielmehr zusammen aus ungleichen Energien mit unterschiedlichem Antrieb und getrennten Aufgaben. Allerdings sind die Kräfte auf ein einheitliches Ziel hin zu versammeln, sonst brechen die Strebungen aus dem Lebendig-Ganzen aus. So sind die Geschlechter weiterhin einander asymmetrisch zugeordnet – und das macht den Reiz der Beziehung aus. Zum Glück verschieden.

So erneuert sich die alte Genesis-Vision, dass sich in dem Einlassen auf das fremde Geschlecht eine göttliche Spannung, die Lebendigkeit des Andersseins und die Not(wendigkeit) asymmetrischer Gemeinschaft ausdrückt. Schöpferisches, erlaubtes Anderssein auf dem Boden gemeinsamer göttlicher Grundausstattung – das ist sein Vorschlag an alle Einebnungen, Dekonstruktionen, Neutralisierungen.

5. Das Kind: „gezeugt, nicht gemacht"

Zur Familie wird die Ehe durch das Kind. Im Blick auf Natalität gefragt: In welchen Formen gilt die Versuchung zur Selbstdurchsetzung auch gegenüber der nächsten Generation? Ist das Kind eine Funktion seiner Eltern, zweckhaft an ihre Interessen gebunden, und sei es als „Wunschkind"? Natürlich ist ein interessegeleitetes Denken und Wünschen nicht illegitim, und natürlich ist jedes Lebewesen, auch der Mensch, nicht einfachhin außerhalb der Interessen anderer zu sehen. Relation gehört überhaupt zum Leben, und damit ist der Blick auf ein anderes Leben immer auch selbstbezogen gerichtet, oder eben zweckhaft. Im Blick auf ein Kind lauten die zweckbestimmten Fragen: Kann man oder frau es jetzt oder erst später oder gar nicht brauchen, wie weit passt es in den Rahmen des eigenen Lebensentwurfs? Nochmals: „Brauche" ich ein Kind, um meine mütterlichen Instinkte auszuleben – wie es auch in der Diskussion um das „Recht auf ein Kind" bei geistig Behinderten zu hören ist?

Das zweckliche Fragen ist jedoch vordergründig, ja vielleicht ist nichts so gefährdet wie ein „Wunschkind", denn der Wünschende „fällt unerbittlich in eine Haltung der Anmaßung gegenüber dem Kind und beginnt zweifellos unter dem Anschein von Sorge einen wahren Kampf mit dem Kind, um aus ihm das zu machen, was er sich selbst als Modell und Ideal gedacht hat. [...] da behandelt der Mächtige den schwachen Menschen als ein Wesen ohne Recht, weil er dort selbst der Gesetzgeber ist und das Schicksal der Untergebenen bestimmt."[3]

Schon die alteuropäische philosophische Ethik hat zur Klärung solcher nicht von außen festgelegter Würde das Wort „Sinn" entwickelt im Unterschied zum Zweck: Zwecklos, aber sinnvoll sind die Grundvollzüge menschlichen Daseins. Zwecklos: weil nicht einzig, ja im Entscheidenden nicht von der Zielbestimmung anderer abhängig; sinnvoll, weil in sich selbst stimmig, auch wenn niemand anderem mit diesem Leben „genutzt" ist. Dies ist ein Boden, den die Zweckrationalität vermeidet, da sie hier an ein *plus ultra* des Daseins rührt.

Dieses *plus ultra* lässt sich zumindest durch eine Frage aufhellen: Sind es denn die Eltern, die Kette unbekannter Vorväter und Vormütter, die das Kind gewollt und ihrem Willen entsprechend „gemacht" haben? Tatsächlich ist es so, dass die Eltern selbst dem Kind zwar die leiblichen und seelischen Vorgaben, den Genotyp, mitgeben, aber keineswegs im Sinne bewusster Formung, des Phänotyps. Weder kennen sie das Kind im Vorhinein, noch bestimmen sie (bisher) sein Geschlecht oder seine Anlagen; ihre Aufgabe ist viel mehr es kennenzulernen, als es zu erschaffen. Bestimmt sich

---

[3] Maria Montessori, *Gott und das Kind*, Freiburg 1995, 28. Von daher ist schon die Zeugung eines Kindes in vitro als technische Verifikation von Planung anzufragen.

aber das Kind selbst später, wenn es sein mitgegebenes Potential gestaltet, sich die eigene Form erarbeitet? So gefragt, lässt sich der Satz bejahen, allerdings bleibt nach wie vor jede Mitgift als *datum* bestehen. Daher müssen auch Eltern das Kind erst als Unbekanntes annehmen, ja, das Kind selbst muss sich später im Reifungsvorgang annehmen, seine Grenze und sein Nichtvermögen ebenso wie seine Mitte und sein Können. Es ist sich ja auch selbst durch seine Geburt „voraus", und nicht nur ist das Leben mit Heidegger als ein „Vorlaufen in den Tod" zu kennzeichnen, sondern umgekehrt ist Geburt ein „Vorlaufen in das Leben". Können wir diesen geheimnisvollen Anfang beleuchten?

6. Kind als Gabe und Aufgabe

Die tiefe Bestimmung des Menschen heißt Sich-Gegeben-Sein. In diesem Dasein ist niemand Kopie, Sklave, ersetzbar von Tausenden, sondern selbst in seiner Grenze frei und einzig, wesentlich sogar sich selber „freigegeben". Dieses Urgeschenk dazusein verbindet sofort das Glück des Daseins mit der Grenze des Soseins. In dieser Endlichkeit, in bestimmter und damit begrenzter Gestalt sich vorzufinden, fordert gute wie selbstzerstörerische Versuche heraus, sich selber anders und gegen die Grenze zu gestalten. Und in der Tat würde die Philosophie gerade auch der Neuzeit zustimmen, dass die menschliche Plastizität, die sich in dem Wort „Autonomie" eine eher täuschende Formel geschaffen hat, einer Selbstschöpfung unterliegt, allerdings nicht endlos. Wird diese Autonomie als Macht verstanden, Endlichkeit und *datum*/Gabe überhaupt nicht anzuerkennen, wird die Freiheit des Geschenktseins aufgehoben, in eine Verschlossensein gegenüber dem Geber und sich selbst umgewandelt.[4]

Nochmals: Wir sind nicht nur ein *„factum"*, von irgendjemandem gemacht oder wieder abgeschafft, sondern *„genitum"*, gezeugt. Gezeugt wovon? Emmanuel Levinas: „Der Sohn ist nicht einfach hin mein Werk, wie ein Gedicht oder wie ein fabrizierter Gegenstand; er ist auch nicht mein Eigentum. Weder die Kategorien des Könnens noch die des Habens können das Verhältnis zum Kind anzeigen. Weder der Begriff der Ursache noch der Begriff des Eigentums erlauben es, die Tatsache der Fruchtbarkeit zu erfassen."[5] Maria Montessori, die große Pädagogin, erläutert dies mit Hilfe einer Sprachwendung: Dass die Eltern „das Kind 'zum Licht der Welt' gebracht haben, […] ist eine tiefere Grundlage […] für das klare Bewusstsein, dass die Eltern sich verantwortlich fühlen gegenüber Gott für das Kind, das er ihnen anvertraut hat. [… So] ist das Bewusstsein lebendig, dass sie nur einen unbedeutenden Anteil haben am Prozess der Empfängnis und der Geburt, verglichen mit dem Anteil, den die Natur daran hat. Wirklich werden die Keimzellen, aus denen das Kind sich entwickelt, nicht ins Leben gerufen durch einen Willensakt des Menschen. […] Es ist nicht die Mutter, welche dann das Wachstum des Kindes in ihrem Schoß vollbringt. Das Kind vollbringt es durch die Kraft des Wesens, das in ihm erschaffen ist.

---

[4] Vgl. Ferdinand Ulrich, *Der Mensch als Anfang. Zur philosophischen Anthropologie des Kindes*, Einsiedeln 1970. Vgl. Florian Pischl, „Wenn ihr nicht werdet wie die Kinder …" Ferdinand Ulrichs Philosophische Anthropologie der Kindheit im Gespräch mit Wertvorstellungen am Ende der Moderne, in: IKZ Communio 24 (1995), 50-60.

[5] Emmanuel Levinas, *Die Zeit und der Andere*, übers. v. Ludwig Wenzler, Hamburg 1989, 62.

Es ist nicht die Mutter, welche den Akt der Geburt des kleinen Kindes vollbringt; dieser wunderbare Akt wird von der Natur vollzogen, und von der Mutter wird er nur unterstützt. [...] So fühlen die Eltern einen solchen natürlichen Respekt gegenüber dem Kind, das auf so wunderbare Weise bei ihnen angekommen ist."[6]

Von daher zeigt sich die *sachhafte* Verbindung der „Kultur des Lebens" mit dem theologisch gewendeten Gedanken des göttlichen Ursprungs eines jeden. Kindsein zeigt nicht nur beispielhaft die unleugbare menschliche Bedürftigkeit einer Annahme durch andere, die sich in Geburt und später wieder bei Krankheit und Sterben meldet. Kindsein zeigt auch die „theologische, ewige Bedeutung des Geborenwerdens [...], die endgültige Seligkeit des Herseins aus einem zeugend-gebärenden Schoß"[7], aus dem göttlichen Urwillen, der will, „dass ich sei". Das ist das unabänderliche Glück jedes menschlichen Anfangs; von daher verbietet sich seine Zerstörung. Die „Seligkeit, gewollt zu sein", und zwar unabhängig vom Wunsch der Eltern, macht den Menschen aus. Mit dem frühchristlichen Apologeten Justinus (+um 165) gesprochen: „Bei unserer Geburt sind wir, ohne darum zu wissen und ungefragt, bei der Verbindung der Eltern aus feuchtem Samen geboren worden [...] Doch wir sollten nicht Kinder der Notwendigkeit und der Unwissenheit bleiben. Vielmehr sollten wir Kinder der Erwählung und der Erkenntnis werden."[8] Das „Voraus" unserer Geburt, das Ge-

---

[6] Montessori, *Gott und das Kind* (Anm. 3), 26f.

[7] Hans Urs von Balthasar, *Homo creatus est. Skizzen zur Theologie V*, Einsiedeln 1986, 173.

[8] Justinus Martyr, I. Apologia 61, in: Justin – Apologien (= *Kommentar zu frühchristlichen Apologeten*. Bd. 4/5), hg. Von Jörg Ulrich, Freiburg 2019.

schenk, das wir sind, können wir dadurch einholen, dass wir anderen dieselbe Geburt gönnen, die eigene Erwählung ins Leben einräumen. Das ist vorbehaltloser Umgang mit dem Urgeschenk: dazusein. Selbstverständlich ist zu fragen, ob mit dem vorgeburtlichen Leben behebbare oder linderbare Schäden verbunden sind, die behandelt werden sollen. Aber nicht ist das Kind selbst ein Schaden – dass andere es als solches betrachten, berührt das *Datum* seines Daseins nicht. Wo Zukunft nur durch Machen oder Abschaffen festgelegt wird, ist sie nicht mehr zukünftig. Tatsächlich ist die Hoffnung Blochs, die vielbeschworene, auf die durch Machen (und nur durch Machen) hergestellte Zukunft leer, denn „da vorne kommt niemand auf uns zu; in der Zukunft wartet niemand auf uns". Weit entfernt ist solches Denken der Leere, die nur durch willentliche Planarbeit aufgefüllt werden könne, vom Denken ungeschuldeter, außerhalb aller Planung liegender Fruchtbarkeit. „Das Wunder, das den Lauf der Welt und den Gang menschlicher Dinge immer wieder unterbricht und von dem Verderben rettet, das als Keim in ihm sitzt und als ‚Gesetz‘ seine Bewegung bestimmt, ist schließlich die Tatsache der Natalität, das Geborensein", formuliert Hannah Arendt gegen Bloch.[9] „Freiheit, Gnade und Leben sind tief miteinander verwandt. Sie haben den gemeinsamen Nenner: ‚zwecklos, unverdient, unentgeltlich geschenkt zu sein‘ (Ch. Péguy). [...] Deshalb schläft die Hoffnung, schläft das Kind, ohne den Schlaf als Brücke zwischen Arbeit und Arbeit einzuplanen."[10] Arbeit heißt Labor

---

[9] Hannah Arendt, *Vita activa oder Vom tätigen Leben*, München 1981, 243.

[10] Ulrich, *Der Mensch als Anfang* (Anm. 4), 146.

im Lateinischen. Das Kind lebt jenseits der Arbeit und stammt nicht aus Arbeit; es ist aus seinem Dasein heraus gerechtfertigt, unbeschadet seiner möglichen Versehrtheit. Diese ist unschuldiger Spiegel eigener, unangenehmer, unangenommener Versehrtheit, die wir scheuen, obwohl sie durchgängiges Kennzeichen der jetzigen Existenz ist. So wird gerade der Umgang mit dem Kind zum Maßstab einer Kultur: Kennt sie, übernimmt sie dessen „allgerechtfertigtes" Dasein?

Im fulminanten Josephsroman von Thomas Mann spricht Jakob: „Denn der Zeugende ist nur Werkzeug der Schöpfung, blind, und weiß nicht, was er tut. Da wir den Joseph zeugten, die Rechte und ich, zeugten wir nicht ihn, sondern irgend etwas, und dass es Joseph wurde, das tat Gott. Zeugen ist nicht Schaffen, sondern es taucht nur Leben in Leben in blinder Lust; Er aber schafft." Und Eliezer antwortet: „Da du ihn zeugtest, kanntest du ihn nicht. Denn der Mensch zeugt nur, was er nicht kennt. Wollte er aber zeugen wissend und kennend, so wär's Schaffen, und er vermäße sich, Gott zu sein."[11]

7. Nachdenkliche Fragen

Lässt sich Leben tatsächlich so leben, dass es sich selbst als Gabe, *datum,* versteht? Das setzt nicht nur voraus, dass das eigene selbstverständliche Dasein gerade nicht selbstverständlich, gar missmutig hingenommen, sondern als immer erneut staunenswert, immer erneut aus dem ebenso möglichen Nichtsein gehoben erfahren und *dankend* bestätigt wird. Tiefer aber setzt es voraus: Ein

---

[11] Thomas Mann, *Joseph und seine Brüder,* Frankfurt/Main 1964, 482f.

solches Leben müsste befreit sein von der Angst vor der Endlichkeit, vor seinem eigenen Ungenügen. Es müsste nicht als Raub festhalten, was ihm aus „Huld", aus unerklärlicher Überfülle gegeben ist. Leben ist ins Leben gesetzt, offenbar sich selbst gehörig – aber gerade diese erste aller Gaben ist verdankt. Das setzt gleichermaßen voraus, dass auch anderes Leben diesem Gegebensein entspringt – also keineswegs „ursprünglich" als Beraubung eigenen Lebensraumes gedeutet werden muss, dass von ihm keine Bedrohung empfunden, kein Vorenthalten und Zu-Kurz-Kommen am Lebensnotwendigen befürchtet wird.

Angstvolle Selbstbeharrung ist erst ein zweites, nachdem diese Gabe in ihrer reinen Annahme misstrauisch verweigert worden war. Allerdings gibt es das von sich selbst besessene Leben, das sich nicht hergeben will, daher auch nicht empfangen kann. Es widerspricht zutiefst dem Grundcharakter des „Umsonst", *gratis*, das dem Leben von sich aus eignet. Alle Elemente des Lebens „gibt es", sie sind nicht einzutauschen gegen die harte Arbeit einer Selbstschöpfung. Vielmehr: *gratis e con amore* ist der Grundvollzug von Lebendigsein. In der Diktion des Gregor von Nyssa: „Als Widerschein und Bild des Ewigen Lebens war der Mensch wirklich schön, ja sogar äußerst schön, mit dem strahlenden Zeichen des Lebens auf seinem Antlitz."[12]

In diesem „Gegönntsein" von eigenem und anderem Leben erhält Beziehung eine neue, angstenthobene Gültigkeit. Ihr „Existential" lautet: Dasein als Gabe an mich und meiner selbst an andere, als Gabe anderer an mich. Oder auch: Dasein als Mitsein.

---

[12] Gregor von Nyssa, *Homilia in Canticum Canticorum 1*, PG 44, 1020c.

Ist ein solches Leben aus Fülle denkbar? Was wären seine Bedingungen – oder entfallen hier die Bedingungen, als Beschränkungen verstanden, aus derselben Fülle heraus und wären tiefer gelesen die freiwillige und nicht auf Verschuldung antwortende Gegengabe auf die Urgabe, das Leben selbst? Also Leben, das dem Ur-Leben *ungeschuldet, ungenötigt* antwortet? „Umsonst habt ihr erhalten, umsonst sollt ihr geben" (Mt 16,8).

Familie: der Raum des Umsonst, entsprungen aus dem lockenden Anderssein.

Familie in Europa zwischen Auflösung und Zukunft

Mitte Mai forderte Die EU-Parlamentspräsidentin Roberta Metsola eine einheitliche Anerkennung der gleichgeschlechtlichen Ehe in der gesamten Europäischen Union, es müssten schließlich in ganz Europa dieselben Grundrechte, Standards und Rechte für die sogenannten „Regenbogenfamilien" mit homosexuellen Eltern gelten.

Die Weltgesundheitsorganisation WHO veröffentlichte erst kürzliche ihre neuen Leitlinien für eine Verbesserung der „Qualität der Abtreibungspraxis für Frauen und Mädchen." Man fordert konkret die Legalisierung von Abtreibung weltweit.

Die ungarische Regierung erließ ein Gesetz, um Kinder im Schulunterricht vor Gender-Propaganda zu beschützen und verbietet die Verwendung von Medieninhalten, die für Geschlechtsumwandlungen und LGBT-Lebensweisen werben. Mit Mehrheit unterstützen die Ungarn in einem Referendum die Aufnahme des Satzes „Der Vater ist ein Mann, die Mutter ist eine Frau" in ihre Verfassung. Die EU verurteilt Ungarn daraufhin als homophob und transphob und die EU-Kommission kündigt an, ein Vertragsverletzungsverfahren gegen Ungarn in die Wege zu leiten, weil man die Menschenrechte sexueller Minderheiten mit Füßen trete.

In der Ukraine werden nach Ausbruch des Krieges allein in Kiew hunderte Leihmutter-Babys, in den Luftschutzkellern geboren und verwahrt, weil die Auftrags-Paare aus der ganzen Welt sie wegen des Krieges nicht abholen kommen. Die Ware Kind wird bestellt und nicht abgeholt. Den Brutkasten-Frauen verbietet man derweil vertraglich aus dem Kriegsgebiet zu fliehen, denn im europäischen Ausland wäre die sogenannte „Leihmutterschaft" ja illegal. In der Schweiz kann man derweil in einem einfachen Verwaltungsakt für 75 Schweizer Franken sein Geschlecht ändern.

Was haben all diese Ereignisse gemeinsam? – Wie ein roter Faden zieht sich durch Europa, aber in Wahrheit auch durch die gesamte freie westliche Welt eine neue Agenda, die alle möglichen neuen Familienkonstellationen, Geschlechterdefinitionen, sexuellen Orientierungen und Identitäten aber auch die Entkoppelung der Faktoren Beziehung, Sexualität und Fortpflanzung, vorantreibt. Alles natürlich nur im Sinne von Toleranz und Antidiskriminierung. Im Gegenzug gerät die Mehrheit der Bevölkerung und die ganz normale Familie, bestehend aus Vater, Mutter und Kindern nicht nur politisch aus dem Blick, man bekämpft sie inzwischen sogar aktiv als überholungsbedürftiges Relikt aus einer längst überwundenen Zeit. Wer bei diesem Umbau nicht mitzieht, wird stigmatisiert – siehe Ungarn.

Rückkehr zum Kollektivdenken

Bevor ich Ihnen anhand von Deutschland mit ein paar Beispielen erzählen will, worauf so eine Politik konkret hinausläuft, lassen Sie mich noch einen weiteren, wichtigen Baustein darlegen, ohne den diese Vorhaben nicht durchsetzbar wären: Ich spreche von der Rückkehr der Kollektive nach sozialistischem Vorbild.

Die Rückkehr zum Kollektivdenken war ein entscheidender erster Schritt, um sozialistisches Gedankengut in der Breite wieder salonfähig zu machen – man muss es nur anders nennen. Zum Beispiel „moderne Familienpolitik."

Die gesellschaftspolitische Steuerung, die das Individuum gegen das Kollektiv in Stellung bringt, wird wieder als Verheißung oder gar als moralische Verpflichtung in einer ganz neuen Menschheits-Geschichte erzählt. Das „Wir" wird wieder beschworen. Und je mehr der Mensch von seiner Originalfamilie entfremdet wird, umso mehr braucht er ja auch ein anderes Nest, an das er sich klammern kann. Faktisch haben wir es jedoch mit einem Rückfall vor die Implementierung universaler Menschenrechte zu tun, auch wenn ständig und von immer neuen „Menschenrechten" im gesellschaftspolitischen Diskurs die Rede ist.

Sexuelle Rechte. Kinderrechte. Frauenrechte. Reproduktive Rechte. Sie alle haben gemeinsam, was wir heute in einer überbordenden Identitätspolitik bereits zu spüren bekommen: Wir reden zwar von individueller Vielfalt, diese wird aber seltsamer Weise erst durch die Zugehörigkeit zur vermeintlich richtigen Gruppe verwirklicht. Die Gruppe der „alten weißen Männer" ist dabei der Verlierer der Stunde. Jene mit exotischen sexuellen Präferenzen sind hingegen Gewinner des Zeitgeistes. Man muss wieder zur richtigen Gruppe gehören, um oben mitspielen zu dürfen. Manche sind eben doch gleicher unter Gleichen.

Familie als natürliches Kollektiv missachtet

Erstaunlich ist in diesem neuen Denken, dass die Familie als eigenständiges Kollektiv nicht zählt, obwohl es sich doch als natürlich gewachsene Einheit einer Großfamilie nahezu aufdrängt. Mehr noch: Ausgerechnet die kleinste soziale Einheit der Menschheit, die eigene Familie über mehrere Generationen hinweg, wird als größtes Hindernis des modernen Familien-Fortschritts definiert. Entsprechend muss sie dekonstruiert werden – ein hübscheres Wort als „zerstört."

Familienpolitik konzentriert sich entsprechend nicht mehr auf die Förderung der Einheit der Familie, sondern indem man die einzelnen Mitglieder herausgreift oder auch gegeneinander ausspielt: Frauen gegen Männer, Kinder gegen die eigenen Eltern, die Jungen gegen die Alten. Heterosexuelle gegen Homosexuelle, Schwarze gegen Weiße.

Paradigmenwechsel bei der Abstammung

In Deutschland rühmte sich nun der neue Justizminister der Liberalen man habe „die größte familienrechtliche Reform der letzten Jahrzehnte" für die neue Regierung zusammen mit den Grünen und den Sozialdemokraten vereinbart. Keine Frage, man plant im Zuge diverser Superlative nicht nur die ökologische Weltrettung, sondern auch nicht weniger als eine Revolution der Gesellschaft.

Faktisch hat die Regierungs-Koalition als familienpolitisches Programm rein gar nichts für die Durchschnitts-Beziehung aus Mann und Frau anzubieten, die über Kinder nachdenkt. Die einzige Initiative, um das

Kinderkriegen zu unterstützen, konzentriert sich stattdessen ausgerechnet auf jene Bevölkerungsgruppen, die in ihrer Lebens- und Paarkonstellation auf natürlichem Weg niemals Kinder bekommen könnten: Singles, Lesben und Schwule. Wer sich als Frau ohne Mann nicht selbst befruchten kann, gilt als benachteiligt und bekommt wegen seines diskriminierten Zustandes eine künstliche Befruchtung bezahlt, während das schwule Paar nach legaler Gebärdienstleisterin ruft. Kinderkriegen ist also bei LGBT-Aktivisten gesellschaftlich gewollt, während die heteronormative Großfamilie mit drei konventionell selbstgezeugten Kindern unter Generalverdacht des Asozialen steht. Die politische Dekonstruktion der Familie ist also längst in vollem Gange und hatte einen langen Vorlauf. Nicht mehr durch Abstammung, sondern durch zivilrechtliche Verträge soll sich Familie in Zukunft definieren.

Eine „Arbeitsgruppe Abstammungsrecht" hatte schon im Jahr 2017 im Auftrag des Justizministeriums in ihrem 130-Seiten-Abschlussbericht den Begriff der biologischen Abstammung als „missverständlich" verworfen und empfahl stattdessen die „rechtliche Eltern-Kind-Zuordnung" als Ersatzbegriff für natürliche Elternschaft. Man kann das mit Fug und Recht als Paradigmenwechsel der Menschheitsgeschichte bezeichnen, wenn Elternschaft fortan im Regelfall nicht mehr durch biologische Fakten, sondern durch wieder lösbare Verträge determiniert sein soll.

Familie wird damit restlos zum zivilrechtlichen Vertrag. Statt einer Politik für alle Familien erwartet uns das Programm „Familie für alle" – oder gar nur „Familie auf Zeit" kombiniert mit „Kinder für Alle" und „Jedes Geschlecht für Alle." Denn wenn Familienbande sich nicht mehr über unverrückbare Blutsverwandtschaft, sondern nur über Verträge definieren, sind diese auch jederzeit wieder aufkündbar. Wenn Kinder nicht mehr in eine Familie hineingeboren, sondern nur noch „rechtlich zugeordnet" werden, je nachdem wer oder wie viele Erwachsene ein Elternrecht an dem Kind geltend machen, verkommt auch Familie zu einer „Elternschaft auf Zeit."

Ausformuliertes Entwurzelungsprogramm

Die vorgeschlagenen und teilweise bereits ausformulierten Gesetzesinitiativen der aktuellen deutschen Regierung lesen sich entsprechend wie ein Entwurzelungsprogramm kommender Generationen. Ein paar Beispiele:

Das Gesetz zur sogenannten „Mit-Mutterschaft" eine automatische Doppel-Mutterschaft in der Geburtsurkunde eines Kindes für lesbische „Ehe"-Frauen, dafür verzichtet man auf die Nennung des Vaters. Historisch wäre damit erstmals eine faktische Lüge in einer amtlichen Urkunde absichtlich beglaubigt.

Die Liberalen wollen hingegen bis zu vier „Eltern" in der Geburtsurkunde, um die „soziale Elternschaft" zu stärken und neuen Familienmodellen juristisch den Weg zu ebnen.

Man will dazu ein neues Rechtsinstitut namens „Verantwortungsgemeinschaft" schaffen, um „damit jenseits von Liebesbeziehungen oder der Ehe zwei oder mehr volljährigen Personen zu ermöglichen, rechtlich füreinander Verantwortung zu übernehmen." Klar ist auch hier: Was als Familie „light" anfängt, wird bald vollen Familien- oder gar Ehestatus einfordern, inklusive einem Recht auf Kinder – oder erinnert sich wirklich niemand mehr an die „eingetragene Lebenspartnerschaft" als Vorläufer der späteren Homo-Ehe?

Der Minister betont, „man nehme dadurch niemandem etwas weg" – eine alternative Meinung, um es freundlich auszudrücken, denn die besondere Förderung von Ehe und Familie durch Artikel 6 im deutschen Grundgesetz wäre noch weiter ausgehöhlt, indem man jede Studenten-Wohngemeinschaft auf Zeit zur „Verantwortungsgemeinschaft" erklärt, die nun Förderung und absehbar Familien- oder gar Ehestatus beansprucht. Gleichzeitig ebnet es der Polygamie den Weg. Jede muslimische Ehe könnte sich erst einmal egal mit wie vielen Frauen als Verantwortungsgemeinschaft registrieren und übrigens auch jedes Priesterseminar.

Aber es steht auch noch mehr auf der Liste der Gesetzesvorhaben: Die Legalisierung neuer, selbstdefinierter Geschlechtseinträge von „non-binär" bis „divers" für Geburtsurkunden und Reisepässe. Als krönendes Projekt dient das neu geplante „Selbstbestimmungsgesetz" wonach jeder Mensch sein Geschlecht ab 14 Jahren ohne Therapie, Arzt oder Begründung auf einem Amt selbst definieren dürfen soll. Aus der Ehe für Alle wurde das Recht auf Kinder für Alle abgeleitet. Es soll jetzt Adoption und künstliche Befruchtung für jeden geben. Werbung für Abtreibung soll erlaubt und die Tötung eines Menschen im Mutterleib als verpflichtender Teil der Ausbildung der kommenden Ärztegeneration festgeschrieben werden, damit sich später keiner mehr aus Gewissensgründen weigern kann.

Das Kind als kaufbares Objekt

Das zu zeugende Kind wird mit dieser Regierung final zum Objekt und zur Ware. Die Frau wird zum Brutkasten für Kinderlose degradiert. Die Embryonenspende will man zum Teil legalisieren, Eizellspende und „altruistische Leihmutterschaft" prüfen. Kommt das auch, wäre es Einstieg und Türöffner in das internationale Geschäft der Reproduktionsmedizin. Nichts bedroht die Frau mehr und degradiert sie zu einer Prostituierten, die jetzt nicht nur ihre Sexualität, sondern auch ihre Fruchtbarkeit auf dem Markt anbietet, als eine Bewegung, die das Muttersein zu einem Arbeits- und Produktionsprozess erklärt und ihr Kind zu einem Kauf-Objekt auf dem Weltmarkt.

Wir werden, wenn dieser Krieg in der Ukraine hoffentlich bald beendet wird, auch mit der Ukraine über Leihmutterschaft und das schmutzige Geschäft, dass sie mitten in Europa betreiben, sprechen müssen. Hier geht es tatschlich um illegalen Menschenhandel, das darf nicht unkommentiert stehen bleiben.

Vater Staat lebt

Gleichzeitig werden Kinder als neues Kollektiv vom Staat vor allem abseits ihrer Eltern betrachtet und politisch so umsorgt, als hätten sie keine Erziehungsberechtigten. Man plant die Einführung einer elternunabhängigen Kindergrundsicherung sowie Online-Portale und Kampagnen, um Kinder über ihre Rechte zu informieren. Kernstück wird die Einführung von Kinderrechten in die Verfassung. Damit dürften mehrere sozialistische Allmachtsphantasien endlich Realität werden: Die Einführung verpflichtender zur Kita- und Ganztagsbetreuung wird ein Kinderspiel, Entscheidungen zu Geschlechtsumwandlungen und Impfentscheidungen werden demnächst leichter auch ohne Eltern fallen, weil der Staat das neue Kindeswohl definiert.

Es steht nicht gut um die Familie in Europa, aber ich will Sie gar nicht mit einem Schreckensszenario nach Hause schicken, sondern auch mit der Idee einer Lösung, die wie üblich gerade nicht politisch, sondern nur gesellschaftlich herbeigeführt werden kann. Das Problem der Familie ist ja nicht sie selbst, sondern der Versuch diverser Staaten, in sie einzugreifen, sie zu definieren und zu lenken. Dazu wird stetig der Mythos beatmet, man könne sich in Europa oder gar weltweit auf eine einheitliche Familienpolitik einigen. Räumen wir also erst einmal die Mythen weg.

Von der Hypothese der Einigkeit

Wie kann man als europäische Einheit kooperieren, wenn man sich nicht einig ist? Und nein, in Sachen Familienpolitik und Gesellschaftsentwicklung sind sich die Mitgliedsstaaten der Europäischen Union nicht einig. Trotz eines gemeinsamen Wertekanons, geprägt durch jüdisch-christliche Tradition, befinden sich die einzelnen Mitgliedsstaaten mehr oder auch weniger progressiv in einem fortschreitenden Wandel ihrer Beziehungs- und Familienformen. Nicht umsonst haben die „Gründerväter" der EU, falls man das in genderbewegten Zeiten so überhaupt noch formulieren darf, das Feld der Familienpolitik aus dem Zuständigkeitsbereich der EU ausgeklammert und auf der Ebene der Nationalstaaten belassen.

Es stellt in Fragen der kulturellen Einheit Europas einen extremen Spagat dar, wie der Zusammenhalt in gemeinsamen Werten, also eine Gesamt-Europäische-Werteunion, bei gleichzeitiger Bewahrung und Berücksichtigung individueller Werte und Vorstellungen in den einzelnen Nationalstaaten gewährleistet werden kann.

Menschen und ihr Zusammenleben lassen sich nicht in einheitlichen DIN-Normen und in allgemeingültige Regeln oder Wertevorstellungen pressen, die sich dann grenzübergreifend oder gar diskussionslos von einem Land auf andere Länder übertragen ließen, auch wenn die neue EU-Parlamentspräsidentin Metsola genau das fordert.

Obwohl also nicht zuständig, hat sich die EU-Politik in Brüssel immer wieder mit familienpolitischen Themen befasst und versucht unter dem Deckmantel von Arbeitnehmerrechten oder auch unter dem Label der „Gleichstellungspolitik", „Geschlechtergerechtigkeit" und „Antidiskriminierung" Einfluss auf nationale Zuständigkeiten zu nehmen. Besonders hervorzuheben ist hier der Fokus auf Frauenpolitik, Gleichstellungspolitik, die Durchsetzung von Gender Mainstreaming, von Minderheitenforderungen der LGBT-Lobbygruppen, die Legalisierung der sogenannten „Homoehe", die Installation von Diversity-Konzepten in Politik und Wirtschaft oder auch der Kampf für Reproduktive Gesundheit im Sinne von Zugang zu legaler Abtreibung.

Wir müssen uns nicht einig werden

Ohne die Sicherstellung oder Bewahrung der Rechte diverser Minderheiten und Identitäten innerhalb der Europäischen Union in Frage stellen zu wollen, bleibt jedoch festzuhalten: Wir müssen uns gar nicht einig werden. Diese Themenkomplexe sind keine, die eine gesonderte europäische Haltung im Verhältnis zueinander oder im Gegensatz zum Rest der Welt erfordern. Es sind zudem keine Themen, die exklusiv innerhalb der EU diskutiert werden. Tatsächlich handelt es sich um Debatten, die in allen westlich geprägten Staaten mehr oder weniger intensiv stattfinden. Was die Diskurse in all diesen Themen und auch in allen Ländern jedoch eint, ist die imperative Prämisse, es sei möglich oder gar erstrebenswert, in all diesen Themenkomplexen zu einer einheitlichen Haltung und Politik zu gelangen. Das ist aber eher eine gewagte These als ein umsetzbares Unterfangen.

Halten wir zunächst fest: Die EU versucht derzeit gesellschaftspolitisch eine Homogenität an Meinungen und gesellschaftlichen Standards herzustellen, setzt dabei aber auf eine gemeinsame Zielvorstellung, die real nicht existiert. Nimmt man alleine die Frage der sogenannten „Homoehe" oder der Legalisierung von „Abtreibung" als zwei Beispiele, wird schnell klar, eine uniforme, europäische Linie ist derzeit nicht zu erzielen, wird als Ziel aber unausgesprochen vorausgesetzt.

Die Frau als Katalysator gesellschaftlichen Wandels

Die Moderne kann eine massive Veränderung der Gesellschaftsstrukturen aller Mitgliedsstaaten verzeichnen, wobei sich die Verläufe ähneln, das Ausmaß, gerade im demographischen Wandel sich nur unterscheidet. In allen Mitgliedsstaaten der EU hat vor allem die veränderte Rolle der Frau die gesellschaftliche Veränderung katalysiert. Die Berufstätigkeit der Frau, die damit einhergehende zunehmende Kinderlosigkeit der Frauen, daraus resultierend der Zusammenbruch von Groß- und Kleinfamilienstrukturen haben ihre Spuren hinterlassen. Die eingespielte Balance der klassischen Rollenverteilung zwischen Mann und Frau ist aus dem Rhythmus geraten. Es haben sich neue Optionen für Frauen geöffnet und gefunden, die auch von vielen Frauen gerne genutzt werden. Weder die Gesellschaft noch die Männer, geschweige denn die Kinder der aktuellen Generation – und in Wirklichkeit nicht einmal die Frauen – haben bereits eine neue Balance gefunden. Der Aufbruch alter Beziehungsstrukturen hat Freiheiten eröffnet, aber noch keine neuen Sicherheiten gebracht.

Im Ergebnis kommt „Vater Staat" in seiner Funktion als soziales Netz eine zunehmend große Bedeutung zu. Wo Kleinfamilie, Großfamilie, Nachbarschaft und somit der gesellschaftliche Zusammenhalt auseinanderbrechen, muss der Sozialstaat an dieselbe Stelle treten. Die massive Ausweitung von staatlicher Fremdbetreuung bei Kleinkindern und bei alten Menschen ist erstes sichtbares Zeichen. Diese Entwicklung verhilft auch alten sozialistischen und kommunistischen Gedankenillusionen zu einer neuen, paradoxen Renaissance mitten im Wohlstandswesten. Der sich kümmernde Nanny-Staat erfreut sich in Zeiten der Versingelung und Vereinsamung zunehmender Beliebtheit.

Wandel als falsche Moderne

Die Moderne in der Familien- und Frauenpolitik wird dabei gerne und fälschlicherweise mit dem Wandel gleichstellt. Die irrige Annahme besteht im Denken: Je mehr Wandel, desto mehr Gleichberechtigung. Je mehr Aufbruch der Norm, umso moderner die Gesellschaft. Je größer die Liberalisierung der Gesetzgebung, umso erstrebenswerter der Zielpunkt, umso freier der Mensch, die Frau oder der Angehörige einer Minderheit. Die Schrankenlose Zukunft als letzte Utopie. Wandel wird also als positiver Fortschritt definiert. Festhalten an Tradition entsprechend als negativ gebrandmarkt. Als rückwärtsgewandt, veränderungsunwillig, altmodisch.

„Buntheit", „Vielfalt" und „Diversity" sind das neue modern. Der Aufbruch bekannter und etablierter Familien-Strukturen, Geschlechter-Rollen, Normen, Systeme und Normalitäten wird per se als erstrebenswert definiert.

Es zählt multinational und multikulturell statt traditionell. Neu statt alt. Aufbrechen statt Bewahren. Das verbale Framing hat über die Jahre aufgerüstet und diese Denkweise flankiert. So wird die traditionelle Familie medial-verbal zum „Auslaufmodell" erklärt, obwohl alle europäischen Gesellschaften in absoluter Mehrheit unverändert in traditionellen Vater-Mutter-Kind Strukturen leben. Selbst der Begriff „Old Europe" gilt als abfällige Wertung, und nicht als traditionsreiches Bollwerk gegen die Zumutungen ideologiebesetzter Forderungen nach Wandel.

Systemkonforme Differenz

Das Bestreben nach totaler Liberalisierung, Vervielfältigung und Gleichberechtigung von Lebensentwürfen steht dabei in krassem Widerspruch zu den nahezu totalitären Methoden, mit denen die angebliche Befreiung des Europäers aus seinen bekannten Lebens- und Denk-Strukturen hergestellt werden soll. Die Katalysatoren des Wandels sind zum Erreichen ihres Zieles in der Wahl der politischen Mittel wenig zaudernd: Die Reglementierung der Sprache und des Denkens durch Sprechverbote und Gender-Sprache zieht sich wie ein roter Faden durch verschiedene EU-Länder. „Die Diversität lässt nur systemkonforme Differenzen zu. Sie stellt die konsumierbar gemachte Andersheit dar.", formuliert der deutsch-koreanische Philosoph Byung-Chul Han den schmalen Gedankenkorridor des modernen Menschen in seinem Buch „Die Austreibung des Anderen." Wir erlauben also einen ausgiebigen Diskurs innerhalb eines eng begrenzten, inhaltlichen Raumes. Das gaukelt den Bürgern eine Debatte vor, verbannt in Wahrheit aber jeden kritischen Einwand in den Bereich des Unsagbaren.

Entsprechend handelt es sich bei all dem nicht um einen normalen, unumgänglichen oder gar natürlichen Wandel, wie ihn Gesellschaften im Laufe der Jahrhunderte nun mal durchleben, sondern um die gezielte Durchsetzung von Veränderungspolitik.

Die jüdisch-christlichen Wurzeln Europas, das Festhalten am Christentum und seinen Traditionen haben sich in der Geschichte des europäischen Abendlandes als beständige Konstanten erwiesen. Die Früchte dieser Entwicklung sowieso. Rechtssysteme, Verfassungen, Aufklärung, Trennung von Staat und Kirche, der Sozialstaatsgedanke, aber auch die Idee von universellen, individuellen Menschenrechten, sind ein Erbe und eine Tradition innerhalb des EU-Raumes und können als Konstanten und auch als verbindendes Element nicht weggedacht werden. Selbst jene, die heute nicht mehr im religiösen Sinne in diesem Glauben vereint sind und auch jene, die einem anderen, als dem jüdischen oder christlichen Glauben anhängen, profitieren von diesem Erbe.

Reform zwischen Subsidiarität und Wettbewerb

Ohne die Klärung der Frage, welche europäischen Ziele man in der Frage der Demographie, der Familienpolitik oder auch der Rollenvorstellungen zwischen den Geschlechtern anstrebt, ist eine Neuorientierung aber gar nicht möglich.

Erste Aufgabe wäre also eine Klärung, wo es einheitliche Meinungen und Zielvorstellungen der Gesellschaftspolitik gibt und wie man sie faktisch umsetzen kann. Die Frage der demographischen, aber auch kulturellen Struktur der Bevölkerung Europas erscheint hier als zentraler Punkt vor allem auch in der Auseinandersetzung mit jüngeren und dynamischeren Kulturkreisen in Asien, Afrika und dem Nahen Osten. Es ist nicht nur sinnvoll, sondern möglicherweise existenziell, dass Europa wieder in die Lage versetzt wird, seine Bevölkerungsstruktur in allen Mitgliedsstaaten aus eigener Kraft jung und dynamisch zu erhalten. In manchen Feldern der Kulturpolitik wird es aber in absehbarer Zeit keine inhaltliche Einigung geben, da sich die einzelnen Mitgliedsstaaten teilweise nahezu diametral gegenüberstehen. Dies betrifft vor allem Fragen des Familienrechtes, die Anti-Diskriminierungsgesetzgebungen, aber vor allem auch angesichts des medizinischen Fortschrittes die bioethischen Themen. Es müssten beispielweise tiefe Gräben überwunden werden, um die Abtreibungsgesetzgebung von Polen und den Niederlanden in Einklang zu bekommen.

In diesem Sinne sollte sich die Europäische Union von der Idee internationaler Standards im gesellschaftspolitischen Bereich verabschieden. Konkret sind die flächendeckende Legalisierung beispielsweise von Abtreibung, Homoehe, Leihmutterschaft oder auch

Euthanasie als Ziel europäischer Gemeinschaftsstandards abzulehnen. Zumal die Zielrichtung derzeit nur in einem Vorwärts, nicht in einem Rückwärts gedacht wird, eine Vereinheitlichung also niemals durch eine Rückbesinnung, sondern immer nur durch progressive Veränderung erreicht werden soll.

Die Souveränität der EU-Mitgliedsstaaten ermöglicht die Legalisierung all dieser Dinge auf Nationalstaatseben und es gibt zu Recht kein Instrument, andere, fremde Staaten zu zwingen, die Uhr auf ihrem eigenen Hoheitsgebiet zurückzudrehen. Dies souveräne Hoheitsgebiet steht allerdings auch jenen Ländern zu, die ihren gesellschaftlichen Wandel nicht vom Tempo fremder Gesellschaften abhängig machen wollen. Familienpolitik ist kein Wettlauf um den Zeitgeist. Die Subsidiarität muss wieder neu gedacht werden. Die Frage ist also nicht, was die Nationalstaatsregierungen und die Europäische Union regeln können. Stattdessen muss gefragt werden: Was soll der Staat lassen, was soll die EU lassen, damit es funktioniert?

Schon wieder eine sexuelle Revolution

Auffallend ist in allen europäischen Ländern die derzeitige Obsession politischer Kräfte, ausgerechnet die Geschlechterrollen und das Sexualleben der Bürger in neue Denk- und Handlungsschablonen zu pressen, als gäbe es keine wichtigeren Themen als die nächste sexuelle Befreiung. Das war vor 50 Jahren bereits einmal der Fall, jetzt kommt es mit neuer Rhetorik, aber altem Gedankengut noch einmal zurück. Die Schnittstelle zwischen Sexualität und Kultur wird dabei nicht nur in der EU, sondern in allen westlich geprägten Ländern gerade neu verhandelt. Das, was irgendwann als die zweite sexuelle Revolution in den Geschichtsbüchern vermerkt werden wird, arbeitet in Wahrheit an einer Verschiebung dessen, was als Kultivierungsgeschichte der menschlichen Sexualität eine gewisse Stabilität in die zwischenmenschlichen Beziehungen, und die daraus resultierenden Familien- und Gesellschaftssysteme gebracht hat.

Man bringt gerade die Stabilität eines eingespielten Systems ins Wanken. Und es ist nahezu erstaunlich, dass sich gleichzeitig so wenige Menschen über das mögliche gesellschaftliche Ergebnis dieses tiefgreifenden Prozesses Gedanken machen. Dabei hat es umwälzende Auswirkungen nicht nur auf den Fortbestand der Kleinfamilie, sondern in Folge auf den Fortbestand ganzer Gesellschaften. Wer Sexualität von Beziehung, Beziehung von Verwandtschaft und Verwandtschaft von Abstammung entkoppelt, ist nicht modern, sondern waghalsig.

Es darf nicht als Zufall gewertet werden, dass in allen europäischen Ländern das politische Bestreben zu beobachten ist, neue Rollenvorstellungen von Sexualität, aber auch vom Zusammenleben der Menschen nicht mehr im Bereich von Ethik, Moral und Wertvorstellungen anzusiedeln, sondern neuerdings als Element von Wissen und Bildung in Lehrplänen und somit in den Köpfen von Kindern zu verankern. Die Intension geht so weit, dies „Wissen" als neue, alleinige Wahrheiten bei der nächsten Generation zu verankern, auch wenn sie möglicherweise (noch) im Widerspruch zu den Wertvorstellungen ihrer Elterngeneration stehen.

Falscher Fokus auf Minderheiten

Am Beispiel der Definition von Familie wird der politisch forcierte Wandel besonders sichtbar. In der traditionellen Definition verstand sich Familie schon immer als ein vorstaatliches Gebilde, das nicht erst durch Verfassungen definiert wird, sondern von Gesetzen allerhöchstens bestätigt und mit besonderen Schutzrechten ausgestattet wurde. Als Familie gilt hier die natürliche Familie, verbunden durch biologische Abstammung über Generationen hinweg. Papst Benedikt XVI. sprach bei seiner Rede im Deutsche Bundestag von der „Ökologie des Menschen", man könnte die „Ökologie der Familie" analog benennen. Sie ist nicht eine Konstruktion, sondern ein Sein. Dem gegenüber steht neuerdings die Familien-Definition der Moderne: Familie als konstruierte, juristische Zuordnung.

Festzuhalten bleibt: Im Ergebnis nutzt die Politik der Anerkennung neuer Familienformen nicht der Allgemeinheit, sondern nur den jeweiligen Minderheiten, die nach Familienstatus streben. Demographisch betrachtet ist diese Politik nahezu desaströs, weil sie die natürliche Fortpflanzung nicht fördert, sondern als zweitrangig definiert. In einer Art fatalem Kreislauf verhindert der Fokus auf Minderheiten die Konzentration der Politik auf die stabile Mehrheit der natürlichen Familien. In Ländern wie Deutschland fehlt ausgerechnet dort, wo der Staat einen gesunden Utilitarismus aus Selbsterhaltungstrieb an den Tag legen sollte, eine sinnvolle Politik im Sinne der demographischen Stabilität.

Diversität in der Familienpolitik zulassen

Andere europäische Länder wie Frankreich oder auch Polen, aber auch die skandinavischen Länder haben jeweils unterschiedliche, aber doch wenigstens deutlich erkennbare Strategien der Bevölkerungspolitik. Ungarn tut sich besonders in diesem Feld hervor und erzielt mit einer massiven Förderung von Familie und hoher Kinderzahl erste demographische Ergebnisse. Auch hier zeigt sich erneut, wie vermessen der Versuch wäre, einheitliche Wege oder Standards für Alle zu fordern. Größte Schwierigkeit erscheint schon die Festlegung eines einheitlichen Zieles: Bewahrung und Kultivierung der eigenen Bevölkerung oder Lösung der demographischen Krise durch Zuwanderung? Während sich Länder wie Frankreich sehr bewusst um ihre Geburtenrate kümmern, ist in Deutschland nahezu eine Verweigerung einer demographischen Steuerung der eigenen Bevölkerung aus historischer Verklemmtheit heraus zu erkennen, weil Jedem, der öffentlich zu einer höheren Geburtenrate einheimischer Frauen rät, ein Rassismusvorwurf oder wenigstens eine Mutterkreuzdebatte droht. Auch auf diesem Feld ist keine europäische inhaltliche Gesamtlinie erkennbar. Ein Wettbewerb der Idee und Kulturen statt einer DIN-Norm kann auch hier nur die Lösung sein.

Die traditionelle Familie ist Teil der Vielfalt

Es braucht also wirklich Diversität, aber eine ganz andere, als sich die lautstarken Vertreter der „Diversity" das vorstellen. Wir können den faktischen Wandel in manchen Ländern weder aufhalten, noch ignorieren.

Es braucht liberales Denken, um konservatives Denken zu stützen. Allerdings gilt es auch für Konservative, selbstbewusst die eigene Position als Teil dieser liberalen Vielfalt zu begreifen, anstatt sich das Denkschema aufpressen zu lassen, wonach sich die bunte moderne Familie in der modernen Vielfalt befindet, während die traditionelle Familie irgendwo als ausgestoßenes Kind am Rand des Diskurses steht. Die natürliche Familie ist Teil der Vielfalt – und genaugenommen stellt sie in dieser Vielfalt immer noch die Mehrheit. So finden wir wieder zu einer realistischen Familien-Aufstellung.

Und wir müssen eventuell neu begreifen: Der Feind der Familie ist nicht der Nachbar, der anders lebt, sondern der Staat, der glaubt hier eingreifen oder gar lenken zu müssen. Freiheit für Familie definiert sich als Abwehrrecht des Bürgers gegen den Staat. Wir müssen im Wandel immer wieder neu durchdenken, welchen Spielraum wir als Bürger brauchen, um frei nach eigenen Vorstellungen zu leben. Welchen Spielraum es braucht, zwischen sich und dem Staat. Zwischen sich und anderen Staaten. Und auch zwischen sich und der Europäischen Union und ihren Fantasien von einheitlichen Standards. Es sind die neuen östlichen Mitgliedstaaten der EU, die zeigen, dass es zwar Protest hervorruft, aber möglich ist. Ungarn, Polen und auch andere Länder wie Rumänien und Kroatien machen vor, wie man sich gegen die Zumutungen der gesellschaftlichen Dekonstruktion wehren kann, sie weigern sich und beharren auf nationaler Souveränität.

Die Unterstützung der traditionellen Kleinfamilie muss gar nicht neu begründet werden, sie muss nur wieder in ihrem Wert in Erinnerung gerufen sein.

Nicht als Bewahrung des Alten, sondern zur Bewahrung des Neuen. Denn auch die Moderne wird kein Bestand haben, wenn wir ihre demographischen und finanziellen Grundpfeiler zerschlagen. Und das ist und bleibt die Familie.

Bischof Wolfgang Ipolt (Görlitz)

Seelsorge mit Familien

Vorbemerkung

Ich kann meinen Vortrag über die seelsorgliche Seite des heutigen Themas nicht beginnen, ohne einen der für mich schönsten Sätze zu nennen, mit denen ein päpstliches Schreiben je begonnen hat: *„Amoris laetitia quae in familiis viget laetitia est quoque Ecclesiae.* – Die Freude der Liebe, die in den Familien gelebt wird, ist auch die Freude der Kirche."[1] Ich freue mich darüber, dass hier nicht „vivit", sondern „viget" im lateinischen Text steht – ein Verbum, das eine wirkliche Lebendigkeit und Freude ausdrückt. Wenn es um die Freude in den Familien geht – die Freude ist ja, wie wir wissen, eine der Früchte des Heiligen Geistes – dann ist es selbstverständlich, dass seelsorgliches Bemühen solcher Freude zu dienen und ihr den Weg zu bereiten hat.

Aber zu gelebter Freude und Liebe in einer Familie gehört auch, dass es diese Gemeinschaft ermöglicht, dass Schwierigkeiten und Belastungen, Krankheit und Leid getragen werden können. Das Sprichwort sagt mit Recht: „Geteilte Freude ist doppelte Freude. Geteiltes Leid ist halbes Leid." So empfand ich es als ein sehr schönes Zeichen, dass in diesem Jahr beim Kreuzweg

---

[1] Franziskus, Nachsynodales Schreiben *Amoris laetitia*, 19.3.2016, in: https://www.vatican.va/content/francesco/de/apost_exhortations/documents/papa-francesco_esortazione-ap_20160319_amoris-laetitia.html [8.6.2022], 1.

des Papstes am Colosseum Familien aus verschiedenen Ländern das Kreuz getragen haben und es einander weitergegeben haben. Es entstand für mich in dieser Geste eine weltumspannende Gemeinschaft von Familien, die im Glauben miteinander verbunden waren und die ihren alltäglichen Lebensweg im Gebet des Kreuzwegs mit dem Weg des Herrn verbunden haben.

1. Seelsorge *Mit* Familien

Ich habe das Wort „mit" jetzt großgeschrieben, weil es für mich eine wichtige pastorale Vorentscheidung enthält, für die ich bei dem mir gestellten Thema grundsätzlich dankbar bin. Das „mit" verdeutlicht: Familien sind nie nur Objekte unserer Seelsorge und des Bemühens der Kirche. Sie sind selbst kraft der Taufe und Firmung und durch die Gnade des Ehesakramentes Subjekte seelsorglichen Handelns. Es gehört zum seelsorglichen Auftrag jedes Mitarbeiters der Kirche, dies zu sehen und zu würdigen. Ja, der Dienst der Priester und hauptamtlichen von der Kirche beauftragten Seelsorger besteht ja gerade darin, die Familien – Eheleute und Kinder – zu bestärken und zu ermächtigen, ihren Glauben zu leben und ihn in der Familie zu praktizieren.

In dieser Hinsicht äußert Papst Franziskus in seinem Apostolischen Schreiben „Amoris laetitia" schon im zweiten Kapitel kritisch, dass wir „demütig und realistisch anerkennen [müssen], dass unsere Weise, die christlichen Überzeugungen zu vermitteln, und die Art, die Menschen zu behandeln, manchmal dazu beigetragen haben, das zu provozieren, was wir heute beklagen. [...] Auch wir haben die Neuvermählten in ihren ersten

Ehejahren nicht immer gut begleitet, etwa mit Angeboten, die auf ihre Zeitpläne, ihren Sprachgebrauch und ihre wirklich konkreten Sorgen eingehen. Andere Male haben wir ein allzu abstraktes theologisches Ideal der Ehe vorgestellt, das fast künstlich konstruiert und weit von der konkreten Situation [...] der realen Familien entfernt ist. Diese übertriebene Idealisierung [...] hat die Ehe nicht erstrebenswerter und attraktiver gemacht, sondern das völlige Gegenteil bewirkt."[2] Indem die mit der Seelsorge Beauftragten sich in ihrem Überlegen, Denken und Tun *mit* den Familien bewegen und Anregungen geben, bleiben sie in engem Kontakt mit ihnen und können ihnen helfen, eine Unterscheidung im Licht des Evangeliums zu finden und zu leben.

Solche Art von Seelsorge *mit* den Familien wird auch Rückwirkungen haben auf das Wirken und die Haltung der Priester und anderer pastoraler Mitarbeiterinnen und Mitarbeiter. So sehr sie selbst natürlich die geweihten, beauftragten und gesendeten Verkünder sind, so sind sie im Blick auf die Familien auch die Empfangenden, die teilhaben dürfen an den Erfahrungen, an den Lasten und Freuden der Eheleute und der Familien.

Das Vertrauen, das den in der Seelsorge Tätigen entgegengebracht wird, ist auch heute noch ein großer Schatz, der den Raum für eine Gottesbegegnung auf beiden Seiten eröffnen kann. Darum gehört das fürbittende und manchmal sicher auch das gemeinsame Gebet integral zu solcher Seelsorge. Dies gelingt selbstverständlich nur, wenn das menschliche Miteinander immer wieder geöffnet wird für das Wirken des Heiligen Geistes und somit zu einer geistlichen Erfahrung wird.

---

[2] Franziskus, *Amoris laetitia*, 36.

2. Orte der Seelsorge mit Familien

Wo kann all das geschehen, was wir eben eher grundsätzlich bedacht haben? Wo sind die Orte und Gelegenheiten, bei denen den Seelsorgern Familien begegnen? Kardinal Walter Kasper hat bei einem Konsistorium im Vorfeld der Familiensynode im Jahre 2014 seine Rede vor den Kardinälen mit dem Satz beendet: „Die Familie ist der Testfall der Pastoral und Ernstfall der neuen Evangelisierung."[3] Wenn das stimmt – und ich unterstütze diese Feststellung aus ganzem Herzen – dann deuten sich hier Herausforderungen an für das gesamte Feld der Pastoral und der seelsorglichen Arbeit, die m.E. zum Teil noch nicht entdeckt sind. Es gilt, diesen *Ernst*fall der Evangelisierung wirklich *ernst* zu nehmen und kreativ zu gestalten. Von den Möglichkeiten und Chancen, die sich da bieten, möchte ich jetzt sprechen.

2.1. Vorbereitung auf die Feier der Sakramente

Nichts ist bis heute so bedeutsam für eine christliche Familie, wie der Tag der Erstkommunion oder der Firmung der eigenen Kinder. Solche Feste werden auch heute in Zeiten mancher verloren gegangenen Glaubenspraxis im Kreis der Verwandtschaft gefeiert und im Leben jeder Pfarrei sind sie wichtige Termine im Laufe des Jahres.

Dennoch bleibt die Vorbereitung auf den Empfang der Sakramente in vielen Fällen bei den direkten Empfängern (Kinder, Jugendlichen) stehen und blendet häufig das Umfeld – die Familie und das Elternhaus –

---

[3] Zitiert in: G. Augustin/ Ingo Proft, *Ehe und Familie – Wege zum Gelingen aus katholischer Perspektive*, Freiburg 2014, 465.

aus.[4] Hier bedarf es eines wirklichen Paradigmenwechsels, der schon länger angemahnt wird. Kinder und Jugendliche sind angewiesen auf den Glauben ihrer Eltern. Ohne das gelebte Beispiel ist die Katechese in der Sakramentenvorbereitung wie die Saat im Gleichnis, die auf steinigen Grund fällt, weil das Erdreich nicht tief genug war.[5] Wir brauchen unbedingt Formen der Vorbereitung auf Erstkommunion und Firmung, die ausdrücklich Familienkatechese sind und Eltern oder auch Großeltern mit einbeziehen. Das Modell der so genannten „Tischmütter" aus den 70er Jahren (Väter kamen damals meist noch nicht vor) war in gewisser Hinsicht ein Schritt in die richtige Richtung. Dennoch blieb es bei einer Delegation auf wenige Gemeindemitglieder stehen und die meisten Familien konnten sich dispensieren. In einer Katechese *mit* den Familien werden die Eltern des Kindes oder Jugendlichen im eigentlichen Sinn zu Seelsorgern ihrer Kinder und lernen, selbst über den Glauben zu sprechen.

2.2. Vorbereitung auf die kirchliche Eheschließung – der Weg zum Eheversprechen

Insbesondere in der Vorbereitung auf die Gründung einer Familie und der kirchlichen Trauung ist es wichtig, sichtbar zu machen, „dass die christlichen Familien durch die Gnade des Ehesakramentes die hauptsächlichen Subjekte der Familienpastoral sind, vor allem, indem sie ‚das freudige Zeugnis der Eheleute und der

---

[4] Im Osten Deutschlands, wo ich Bischof bin, gibt es kaum eine rein katholische Familie. In den meisten Fällen ist einer der Ehepartner ungetauft oder evangelisch. Was das im Zusammenhang der Vorbereitung auf den Sakramentenempfang von Kindern bedeutet, ist nicht zu unterschätzen.

[5] Vgl. Mt 13, 5.

Familien, der Hauskirchen' geben. [...] Es geht darum erfahrbar zu machen, dass das Evangelium der Familie Freude ist, die das Herz und das gesamte Leben erfüllt."[6] Wenn das stimmt, dann ist es geradezu unverzichtbar, dass christliche Eheleute unmittelbar eingebunden werden in die Vorbereitung auf die Eheschließung. Der Zustand der Ehevorbereitung in Deutschland – das sage ich ganz unverhohlen – ist aus meiner Sicht kein Ruhmesblatt. Bis zum heutigen Tag ist es in vielen Bistümern immer noch möglich, dass ein Paar nach einem oder zwei Gesprächen mit dem Pfarrer oder einem pastoralen Mitarbeiter an den Traualtar tritt. Dazu kommt in manchen Fällen noch die Teilnahme an einem Ehevorbereitungsseminar – ein Wochenende, das von professionellen Mitarbeitern begleitet wird. Es sollte aus meiner Sicht in jeder größeren Pfarrei zumindest möglich sein, einige Ehepaare zu gewinnen, die ehrenamtlich in der Vorbereitung von jungen Paaren mitwirken und ihre Erfahrungen einbringen. Es muss zum guten Stil unserer Kirche im 21. Jahrhundert gehören, dass nicht mehr der Priester allein in der Ehevorbereitung tätig wird, sondern immer im Zusammenwirken mit denen, die aus der Gnade des Ehesakramentes leben, mit „missionarisch aktiven Familien"[7] das heißt: die unmittelbare Zeugen des Evangeliums der Familie sind.

Papst Franziskus weist in *Amoris laetitia* in einem eigenen Abschnitt auf die Zeit der Vorbereitung auf die Ehe hin. Dort heißt es: „Es gibt verschiedene legitime Weisen, die unmittelbare Vorbereitung auf die Ehe zu gestalten, und jede Ortskirche soll unterschei-

---

[6] Franziskus, *Amoris laetitia*, 200.

[7] Ebd., 207.

den, was für sie das Beste ist. [...] Denn auch hier gilt: ‚Nicht das viele Wissen sättigt und befriedigt die Seele, sondern das innerliche Verspüren und Schmecken der Dinge.' Die Qualität zieht mehr an als die Quantität, und- zusammen mit einer erneuerten Verkündigung des Kerygmas – muss man jenen Inhalten den Vorrang geben, die in anziehender und herzlicher Form vermittelt, ihnen (sc. den Verlobten) helfen, sich ... auf einen Weg für das ganze Leben zu verpflichten. Es handelt sich um eine Art ‚Initiation' in das Ehesakrament ... um das Familienleben mit einer gewissen Standfestigkeit zu beginnen."[8]

2.3. Familiengruppen in Pfarreien und geistlichen Bewegungen

Dort wo sich Familien zu kleinen christlichen Gemeinschaften zusammenschließen, wirkt sich das immer stärkend und hilfreich für die Ehe und die Familie aus. Insbesondere in der früheren DDR war es vielfach üblich, dass ein großer Teil derer, der kirchlich geheiratet hatten, sich einer solchen Familiengruppe anschloss. Diese Gruppen (oder „Familienkreise", wie sie auch genannt wurden) trafen sich häufig am Abend auch in den Häusern von einzelnen Gläubigen und nicht nur in den Räumen der Pfarrei. Ab und zu war der Priester dort zu Gast und gab neue Impulse. Durch die Veränderungen in der Arbeitswelt und die größere Mobilität, wie auch eine zunehmende Individualisierung ist es heute schwieriger geworden, auf der Ebene der Pfarreien solche Gruppen neu zu etablieren.

Lebendig ist das Miteinander von Familien aber weiterhin vor allem in den geistlichen Bewegungen un-

---

[8] Ebd., 207.

serer Kirche. Vereint unter einem gleichen Ziel und verbunden durch eine gemeinsame Spiritualität begegnen sich hier Familien, oft mit den Kindern, jüngere und ältere Ehepaare, und begleiten einander auf dem Glaubensweg. Solche Art von Zusammenhalt gelingt auch über Pfarrei- und Bistumsgrenzen hinweg, wenn es in größeren Abständen Tage der Vergewisserung und der Gemeinschaft gibt. Hilfreich ist dabei für die einzelne Familie das Wissen um den gleichen geistlichen Weg mit anderen, bestimmte Gebetsweisen, die verbinden, und natürlich eine regelmäßige Vertiefung der je eigenen Spiritualität durch Exerzitien und Einkehrtage.

Sowohl in den Familiengruppen einer Pfarrei wie auch in den geistlichen Bewegungen sind die Eheleute oft füreinander Seelsorger und Glaubensbegleiter. Da geschieht vieles ganz unspektakulär im Gespräch und im Anteilnehmen und Deuten von Situationen des Alltags im Licht des Evangeliums. Der Priester ist vielfach als geistlicher Moderator und Impulsgeber für solche Gruppen und Gemeinschaften wichtig.

2.4. Einzelseelsorge in Krisensituationen

Das Leben von Eheleuten und Familien verläuft nie glatt und ohne Schwierigkeiten. Zu jeder menschlichen Beziehung gehören Belastungen und kann auch das das Scheitern gehören. Das sind Erfahrungen die das Leben schreibt und die in vielen Fällen ungeplant kommen und darum nicht vorher eingeübt werden können.

„Erst angesichts einer engagierten Vorstellung, die wir von einem gelingenden Leben in unseren persönlichen Beziehungen haben, kommt im Kontrast dazu die bittere Erfahrung zustande, dass entgegen den Intentionen und den Bemühungen ein Entwurf ‚gescheitert' ist. Zum Scheitern gehören manchmal unangemessene

Vorstellungen vom Gelingen, falsche Ideale. Je fragwürdiger das Ideal, umso näher das Scheitern. Ein Ideal wird fragwürdig, wenn es die Wirklichkeit überspringt, und je größer es erscheint, umso größer ist das leiden an der Wirklichkeit."[9] Zu den eigentlichen Krisen in der Beziehung zum Ehepartner gesellen sich andere Belastungen des Miteinanders in einer Familie: die Erfolglosigkeit in der religiösen Erziehung der Kinder, die für Eltern (und erst recht für Großeltern) großes Leid bedeutet; eine schwere Krankheit, die unvorhergesehen hereinbricht und längere oder gar dauernde Einschränkungen bedeutet; der Verlust des Arbeitsplatzes, der Tod des Ehepartners und vieles andere mehr.

Zu all diesen Erfahrungen gehört oft die undurchdringliche Frage: Warum? Warum gerade ich, warum gerade wir? Was haben wir falsch gemacht? Solche Fragen haben eine religiöse Dimension und rufen nach einer Antwort des Glaubens. Seelsorge wird hier hilfreich sein, indem sie das Licht des Evangeliums ins Spiel bringt und dazu verhilft, dass gerade im Scheitern und in Belastungen die Gemeinschaft mit der Kirche nicht aufgekündigt wird. Hier ist eine diakonische Pastoral gefordert, die sich in der Regel als Einzelseelsorge darstellt und darum auch zielgerichtet handeln kann.

Für mich bleibt bei diesem Punkt allerdings die bedrückende Frage im Raum stehen: Wie kann es bei den immer größer und unübersichtlicher werdenden Pfarrstrukturen für die derzeit weniger werdenden Priester und hauptamtlichen Seelsorgerinnen und Seelsorger überhaupt möglich sein, dass solche Situationen aufgespürt und angemessen begleitet werden? Hier sind

---

[9] Dietmar Mieth, Gelingen und Misslingen in Liebe und Ehe, in: G. Augustin/Ingo Proft, *Ehe und Familie – Wege zum Gelingen aus katholischer Perspektive*, Freiburg 2014, 225.

Herausforderungen verborgen für eine Kirche, die das Erbarmen Gottes präsent machen soll, an denen wir uns messen lassen müssen.

2.5. Liturgie und Gottesdienst mit Familien

Die Feier der Liturgie und dabei insbesondere die sonntägliche Eucharistiefeier gehören zum Grundbestand des Katholischen. Darum bedarf die Liturgie zu jeder Zeit der Aufmerksamkeit für die Familien, die sie mitfeiern und besonders für die anwesenden Kinder. Damit ich recht verstanden werde: Liturgie ist *nicht* Katechese – sie muss vielmehr in überzeugender Weise gefeiert werden, und zwar so, dass die „actuosa participatio" aller Teilnehmer gefördert wird und sie sich für das öffnen können, was gefeiert wird – jeder entsprechend seinem Alter und seiner persönlichen Disposition.

Ich persönlich sehe – neben dem Ministrantendienst – viele Möglichkeiten, Kinder in die normale Sonntagsmesse einzubeziehen ohne den Gottesdienst zum „liturgischen Übungs- oder Spielfeld" verkommen zu lassen: Kinder können sich beim Vortrag der Fürbitten beteiligen, Kinder können helfen beim Einsammeln der Kollekte, sie können mit Erwachsenen gemeinsam eine Gabenprozession gestalten. Insbesondere die Predigt kann ab und zu insbesondere die Familien oder sogar die Kinder direkt in den Blick nehmen, was dann übrigens meist dankbar von den Erwachsenen angenommen wird, da der Prediger plötzlich sich einer Sprache bedient, die auch für Erwachsene verständlicher und klarer ist.

Ohne Zweifel: Die Hochform der Eucharistie braucht heute katechumenale Vorformen, *Einübungsfelder* in liturgische Vollzüge. Grund dafür ist, dass wir derzeit einen epochalen Abbruch in der Gebetspraxis der Familien und damit auch bestimmter liturgischer

Formen (ich nenne an dieser Stelle nur das Kreuzzeichen, das Weihwasser, bestimmte Gebetshaltungen u.a.) erleben, dem wir begegnen müssen. Hier wird die Seelsorge viel Fantasie aufbringen müssen, um Familien immer wieder zu bereiten und zu öffnen für diesen Kern kirchlichen Tuns.

Liturgie wird aus meiner Sicht bereits in den Häusern eingeübt und vorbereitet: Wenn Eltern ihre Kinder segnen, wenn es Tischgemeinschaft in der Familie gibt, wenn das Brauchtum entsprechend dem Kirchenjahr gepflegt wird – dann ist das Vorbereitung und Befähigung zugleich für die Mitfeier der offiziellen Liturgie der Kirche.[10]

Wir wissen: Die Liturgie hat einen evangelisierenden Charakter. Wir werden in ihr mit der Botschaft des Evangeliums konfrontiert und wir feiern das Heilswerk Christi, das uns immer wieder hineinnimmt in die große Gemeinschaft der Kirche. Wenn die Familie der Ernstfall der Evangelisierung ist, wie es Kardinal Kasper gesagt hat, dann bedarf es einer sensiblen Gestaltung unserer Gottesdienste im Hinblick auf unsere Familien, um ihnen den Wert insbesondere der Sonntagsliturgie zu erschließen.

3. Abschließende Überlegungen

Ich habe für diesen Vortrag fünf ausgewählte Felder der Pastoral benannt, in denen eine Seelsorge mit Familien präsent und wünschenswert ist.

---

[10] Vgl. Franziskus, Apostolisches Schreiben *Evangelii gaudium*, 24.22.2013, in: https://www.vatican.va/content/francesco/de/apost_exhortations/documents/papa-francesco_esortazione-ap_20131124_evangelii-gaudium.html [8.6.2022], 122 f.

Ich möchte abschließend meinen Blick auf die Priester richten, die sich in der Seelsorge mit Ehepaaren und Familien engagieren und die dort eine wichtige Rolle spielen.

Zuweilen wird behauptet, zölibatäre Priester könnten eigentlich nichts beitragen zu einer Ehe- und Familienpastoral, weil sie das, wovon sie da sprechen, ja selbst nicht leben und keine Erfahrungen mitbringen. Stimmt das wirklich? Zunächst stammen auch Priester aus einer Familie, haben Geschwister und kennen wenigstens das eheliche Leben ihrer Eltern und manchmal der Großeltern. Das ist keine unwesentliche Erfahrung für ihr Leben. Außerdem kann die Seelsorge mit Familien auch ihre zölibatäre Berufung bereichern und vertiefen. Priester sind gerade in diesem Bereich der Pastoral nicht immer die Gebenden, sondern oft auch die Empfangenden. Es ist aus meiner Sicht wünschenswert, dass in der Seelsorge mit Familien neu entdeckt wird, dass beide Berufungen – die zum ehelichen und die zum zölibatären Leben – sich gegenseitig bereichern und bestärken können.

Mit Recht hat der frühere Spiritual von Münster Johannes Bours († 1988) einmal geschrieben: „So sind christliche Ehe und christliche Ehelosigkeit wie zwei Brennpunkte einer Ellipse. Sie stellen das Geheimnis des Bundes (sc. Christi mit seiner Kirche) in verschiedener Weise dar – und verhüllen es zugleich […] Zölibat und Ehe sind daher wie zwei Momente ein und derselben Bewegung, in der die Liebe zu Gott und die Liebe unter Menschen eine Einheit bilden. Beide sind die einander bedingenden Teile dessen, was die Kirche selbst als ganze ist – oder doch sein sollte."[11] Wir wis-

---

[11] Johannes Bours/Franz Kamphaus, *Leidenschaft für Gott*, Freiburg 1981, 38 ff.

sen, dass es heute einer neuen Wertschätzung beider Berufungen dringend bedarf und dass die Kirche (das zeigen uns manche Debatten auf dem synodalen Weg in Deutschland) wieder lernen muss, diesen kostbaren Schatz nicht zu verschleudern, sondern ihn zuversichtlich in ihrer Verkündigung und Pastoral anzubieten.

Seelsorge mit Familien – ein spannendes und lohnendes Feld, das uns deutlich vor Augen führt, dass Ehepastoral letztlich mystagogische Glaubenspastoral ist, an der die Eheleute und die Familien selbst aktiv beteiligt sind. Deutlich geworden ist uns dabei die „Notwendigkeit einer Evangelisierung,"[12] die diesen Bereich zu einem Paradigma seelsorglichen Handelns der Kirche macht.

Ein Desiderat in dieser Pastoral sei zum Schluss mit dem folgenden Zitat noch einmal benannt und unterstrichen: „Weithin ist in den Pfarrgemeinden das diesbezügliche Potential von vielen Ehepaaren, die in ihrer Ehe und Familie die Nachfolge Christi leben, noch nicht abgerufen. Gerade diese Ehepaare könnten zeigen und weitergeben, was es heißt, in guten und in bösen Tagen aus der Treue Gottes zu leben, die uns in Jesus Christus versprochen ist" (vgl. 2 Kor 1,18-20).[13]

---

[12] Franziskus, *Amoris laetitia*, 201

[13] Hubert Windisch, In guten und in bösen Tagen – Herausforderungen zur Erneuerung der Ehepastoral, in: G. Augustin/Ingo Proft, *Ehe und Familie – Wege zum Gelingen aus katholischer Perspektive*, Freiburg 2014, 284.

Ralph Weimann

Ist die künstliche Befruchtung eine Option (für Christen)?

Unter christlichen Ehepartnern besteht nicht selten der dringende Wunsch eigene Kinder zu haben, eine Familie zu gründen. Was aber, wenn dieser nicht erfüllt wird, wenn auch nach mehreren Jahren der Ehe sich kein Nachwuchs abzeichnet? Ist es dann legitim auf andere, künstliche Methoden zurückzugreifen, ist dies aus moralischer Perspektive eine mögliche Option?

In einer derartigen Situation befinden sich nicht wenige Paare, und von der Kirche erhalten sie dabei in der Regel wenig orientierende Unterstützung. Katechese zu diesem Thema sind in der großen Mehrheit der Pfarreien eine Fehlanzeige. Im Gegenteil, von den Krankenkassen werden kinderlose Paare ermutigt die künstliche Befruchtung in Anspruch zu nehmen, viele finanzielle Leistungen werden übernommen und selbst Bundesländer bieten Finanzhilfen an, so dass das Angebot verlockend attraktiv erscheint. Aber ist dies wirklich eine Option? Was geschieht eigentlich bei der künstlichen Befruchtung?

2021, mitten in der Pandemie, bat mich ein Mann seine beiden Kinder, zweieiige Zwillinge, zu taufen. Im Taufgespräch stellte sich alsbald heraus, dass es sich um eine komplizierte Situation handelte. Der biologische Vater des Kindes hatte sich einer ukrainischen Leihmutter bedient, die in Polen die beiden Kinder zur Welt brachte. Der Vater der Kinder hatte endlich sei-

nen Kinderwunsch erfüllt. Als er sich dann zum Taufgespräch präsentierte, brachte er – mit etwas Stolz –
ein Empfehlungsschreiben seines Pfarrers mit, der ihm
bescheinigte, ein „guter Christ" zu sein, auch wenn er
hin und wieder bei der Sonntagsmesse fehlte. Darüber
war ich erstaunt und fragte ihn, ob er denn wisse, was
eine Leihmutterschaft sei, ob er wisse, was bei einer
künstlichen Befruchtung passiere, wie viele Embryonen getötet werden und wie viele noch kryokonserviert
(eingefroren) seien? Als er diese Fragen hörte, war er
verblüfft, so etwas hatte er offensichtlich nicht erwartet.
Er gestand alsbald, dass er noch nie von einem katholischen Priester diesbezüglich ethische Orientierung erhalten hatte, er habe aus einem Bauchgefühl heraus ge-
handelt. In diesem konkreten Fall gab er zu, dass noch
ca. 9 Embryonen in Kühlräumen in Kiew eingefroren
waren, inzwischen seien diese durch den Krieg „verloren" gegangen.

Wenn man nach substanziellen Antworten auf eine
ethisch-moralische Bewertung der künstlichen Befruchtung sucht, und verhindern möchte, in den Strom
unterschiedlicher Meinungen und Positionen zu geraten, dann gibt es hilfreiche Dokumente, die das Lehramt der katholischen Kirche dazu herausgegeben hat.
Angefangen bei der Enzyklika *Humanae vitae* von Papst
Paul VI.,[1] über die beiden Enzykliken *Veritatis splendor*
und *Evangelium vitae* von Johannes Paul II.[2] Vor allem

---

[1] Vgl. Paul VI., Enzyklika *Humanae vitae*. Über die Weitergabe des
Lebens, 25.7.1968, in: https://www.vatican.va/content/paul-vi/
de/encyclicals/documents/hf_p-vi_enc_25071968_humanae-vi-
tae.html [26.6.2022].

[2] Vgl. Johannes Paul II., Enzyklika *Veritatis Splendor*. Über einige
grundlegende Fragen der kirchlichen Morallehre, in: VASt 111,
Bonn ^{5}1995. Vgl. Johannes Paul II., Enzyklika *Evangelium vitae*.

sind zwei Instruktionen der Kongregation für die Glaubenslehre hervorzuheben, in denen spezifisch bioethische Themen behandelt werden und die im Hinblick auf die künstliche Befruchtung wichtige ethisch-moralische Prinzipien darlegen. Dabei handelt es sich um die Instruktion *Donum vitae*, über „die Achtung vor dem beginnenden menschlichen Leben und die Würde der Fortpflanzung,"[3] nicht zu verwechseln mit einem gleichlautenden Verein in Deutschland, der gänzlich andere Positionen vertritt. Und die Instruktion *Dignitas personae*, über „einige Fragen der Bioethik."[4] An dieser Stelle kann kein vollständiger Überblick über dieses Thema geboten werden, wohl aber sollen in Kürze jene Prinzipien dargelegt werden, die es erlauben, eine Antwort auf die eingangs gestellte Frage zu geben. Dabei ist zunächst zu klären, was oder wer der Embryo ist, bevor dann in einem zweiten Schritt ein Blick auf die In-vitro-Fertilisation, die Erzeugung von Embryonen im Reagenzglas, geworfen werden kann.

Über den Wert und die Unantastbarkeit des menschlichen Lebens, in: VASt 120, Bonn [6]2009.

[3] Die beiden herausragendsten Dokumente sind zwei Instruktionen der Kongregation für die Glaubenslehre, das erste von 1987, das zweite von 2008. Vgl. Kongregation für die Glaubenslehre, Instruktion *Donum vitae*. Über die Achtung vor dem beginnenden menschlichen Leben und die Würde der Fortpflanzung, in: VASt 74, Bonn [5]2005. Von nun an DV.

[4] Vgl. Kongregation für die Glaubenslehre, Instruktion *Dignitas personae*. Über einige Fragen der Bioethik, in: VASt 183, Bonn 2008. Von nun an DP.

1. Was oder wer ist der Embryo?

Von der Antwort auf diese Frage was eigentlich der Embryo ist, hängt alles Weitere ab. Man kann nur dann sagen, wie jemand zu behandeln ist, wenn man weiß, um wen es sich handelt. Es gibt nämlich einen fundamentalen Unterschied zwischen einem Objekt und einem Subjekt. Ein Objekt – ein Gebrauchsgegenstand – wird benutzt, während ein Subjekt nicht benutzt werden darf, weil es nicht dem Wesen und der Würde desselben entspricht. Ein ausrangierter Computer, der nicht mehr richtig funktioniert, wird entsorgt; mit einem Menschen darf man nicht so verfahren. Ein Computer kann ausgeschlachtet, verändert, oder verbessert werden, der Umgang mit einem Menschen gestaltet sich grundsätzlich anders.

Es ist erstaunlich, dass es zwar öffentliche Debatten über die Abtreibung und sogar das Recht, dafür Werbung zu machen gibt, aber es finden keine öffentlichen Debatten über den Status des Embryos statt.[5] Wahrscheinlich hängt dies damit zusammen, dass eine solche Diskussion einschneidende Konsequenzen nach sich ziehen würde und deswegen a priori vermieden wird. Diskussionen um Themen wie Abtreibung, In-vitro-Fertilisation, Präimplantationsdiagnostik, das Einfrieren von Embryonen, embryonale Stammzellforschung, etc., müssten ganz anders geführt werden, wenn dem Embryo als Subjekt eine intrinsische Würde zuerkannt würde.

---

[5] Eine Ausnahme dazu stellen folgende Sammelbände dar: Rainer Beckmann, Mechthild Löhr (Hg.), *Der Status des Embryos. Medizin – Ethik – Recht*, Würzburg 2003; Manfred Spieker u.a. (Hg.), *Die Würde des Embryos. Ethische und rechtliche Probleme der Präimplantationsdiagnostik und der embryonalen Stammzellenforschung.* (Veröffentlichungen der Joseph-Höffner-Gesellschaft Bd. 1) Paderborn 2012.

Wie die weiteren Ausführungen verdeutlichen, gibt aber gerade die moderne Wissenschaft auf die Frage nach dem Status des Embryo Antwort. Denn der Beginn des menschlichen Lebens ist wissenschaftlich gut erforscht und untersucht. Es gibt eine große Fülle von Studien, die sich mit diesem Thema befassen. Die Frage, wann das menschliche Leben beginnt, ist nicht in erster Linie eine Frage des Glaubens, sondern eine Frage, die die Wissenschaft zu beantworten hat und sie kommt zu dem Ergebnis, dass ein neues menschliches Wesen bei der Empfängnis oder Befruchtung entsteht. Dies ist von grundlegender Bedeutung für den Umgang mit Embryonen sowie für eine ethische Bewertung. Hier einige Fakten:

- Die Verschmelzung von Spermium und Eizelle ist der Beginn eines neuen Organismus.
- Der Lebenszyklus von Säugetieren beginnt, wenn ein Spermium in eine Eizelle eindringt.
- Befruchtung ist der Prozess, bei dem sich männliche und weibliche haploide Gameten (Spermien und Eizellen) vereinigen, sie bilden ein genetisch unterschiedliches Individuum.
- Wie die Präimplantationsdiagnostik verdeutlicht,[6] ist es möglich die Haar- und Augenfarbe, Geschlecht und viele mehr bereits in den ersten Stadien des Embryos festzustellen. Es ist bereits alles angelegt, wenn auch noch nicht entwickelt.
- Demzufolge hat der Gesetzgeber im sogenannten Embryonenschutzgesetzt (ESchG) von 1990 definiert: „Als Embryo im Sinne dieses Gesetzes gilt bereits die

---

[6] Vgl. Ralph Weimann, *Bioethik in einer säkularisierten Gesellschaft. Ethische Probleme der PID*, Paderborn 2015, 64-66.

befruchtete, entwicklungsfähige menschliche Eizelle vom Zeitpunkt der Kernverschmelzung an."[7]

Die Entwicklung des Menschen wird von Wissenschaftlern in einzelne Stufen (beispielsweise Trimester) eingeteilt, um diese einfacher und klarer beschreiben zu können, dies entspricht der wissenschaftlichen Methode. Aber es ändert nichts an der Tatsache, dass sich der Mensch nicht zum Menschen entwickelt, sondern dass er von der Befruchtung an Mensch *ist*. Embryologen wie Erich Blechschmidt haben dies anschaulich dokumentiert. Er macht deutlich, dass bei der Ontogenese (dem Prozess des organischen Wachstums eines individuellen Organismus) lebendige Gestaltungen entstehen, die mehr als nur messbare Formveränderungen sind, denn „Biologie ist nicht die Lehre vom Leben, sondern von Lebensäußerungen."[8] Diese Aussagen sind grundlegend, bedürfen aber einer weiteren Vertiefung.

Ontogenetisch kann sich nur entwickeln, was im Wesen schon angelegt ist. Daher lässt sich folgern: „Ein Mensch wird nicht Mensch, sondern ist Mensch und

---

[7] Bundesministerium der Justiz, Embryonenschutzgesetz (ESchG), §8 (1), in: https://www.gesetze-im-internet.de/eschg/BJNR027460990.html [26.6.2022]. Im Hinblick auf die Frage nach Abtreibung und Gesetzgebung findet sich ein guter Überblick bei: Martin Rohnheimer, *Abtreibung und Lebensschutz. Tötungsverbot und Recht auf Leben in der politischen und medizinischen Ethik*, Paderborn 2004. Manfred Spieker bietet einen sehr guten Überblick über den Umgang der katholischen Kirche mit der Abtreibung in Deutschland. Vgl. Manfred Spieker, *Kirche und Abtreibung in Deutschland. Ursachen und Verlauf eines Konflikts*, Paderborn 2001.

[8] Erich Blechschmidt, *Wie beginnt das menschliche Leben. Vom Ei zum Embryo, Befunde und Konsequenzen*, Stein am Rhein [8]2008, 14.

verhält sich schon von Anfang an als ein solcher. Und zwar in jeder Phase seiner Entwicklung von der Befruchtung an."[9] Die moderne Wissenschaft hat gezeigt, dass sich weder aus den Chromosomen noch aus den Genen die Entwicklung des Embryos erklären lässt, denn sie verhalten sich nicht dynamisch aktiv, sondern passiv. Daher ist Wachstum ein „von außen angeregter (exogener) Prozess. Eine Fülle von «Eingängen», die alle direkt oder indirekt den Stoffwechsel von außen treffen, löst das Wachstum aus."[10]

Diese wissenschaftlichen Ausführungen sind sehr aufschlussreich und lassen Raum für jenes aktive Lebensprinzip, das die Kirche als Seele bezeichnet. In der Heiligen Schrift wird sie als das Leben des Menschen (vgl. Mt 16,25-26), als das Innerste im Menschen (vgl. Mt 26,38), und als das Wertvollste an ihm (vgl. Mt 10,28) bezeichnet. Dazu sagt der Katechismus der Katholischen Kirche: „‚Seele' benennt das geistige Lebensprinzip im Menschen."[11]

Um einem heute lieb-gewordenen Vorurteil entgegenzutreten, muss an dieser Stelle darauf hingewiesen werden, dass es dabei keineswegs um einen Dualismus geht, so als ob Leib und Seele sich als gegensätzliche Wirklichkeiten gegenüberstehen. Vielmehr vertritt die Kirche das Prinzip der Dualität, wonach Leib und Seele für den Menschen konstitutiv sind, so sehr, dass eine Trennung der Seele vom Leib zum Tod führt. Schon aus dieser Sicht wird deutlich, warum es eine Auferstehung von den Toten geben muss. Daher wurde in der Überlieferung der Kirche die Seele als die „Form" des Leibes

---

[9] Ebd., 31.

[10] Ebd., 34.

[11] KKK, 363.

bezeichnet,[12] die mit dem Leib eine substanzielle Einheit bildet. Das kirchliche Dogma besagt, dass die Seele unmittelbar von Gott geschaffen ist, sie ist unsterblich und geht daher „nicht zugrunde, wenn sie sich im Tod vom Leibe trennt, und sie wird sich bei der Auferstehung von neuem mit dem Leib vereinen."[13] In biblischer Sprache steht auch das Herz für das Innere des Menschen und kann als Synonym für Seele verstanden werden.

Wenn auch die Existenz der unsterblichen Seele nicht mit wissenschaftlichen Methoden bewiesen werden kann, was allein deswegen nicht geht, weil es sich um ein Geistprinzip handelt, das nicht unter das Mikroskop gelegt werden kann, so kann ihre Existenz auch nicht wissenschaftlich bestritten werden. Die Ontogenese legt das Gegenteil nahe.

Anton Ziegenaus spricht mit Recht von einem ganzheitlichen, oder dualem Menschenbild, das die Kirche vertritt.[14] Damit gelingt es ihr die denkerischen Zusammenhänge zu erhellen und eine weiterführende Perspektive anzubieten, die für die Wissenschaft Platz lässt, aber zugleich einen Horizont aufzeigt, der die positivistische Wissenschaft überschreitet. Die unsterbliche Seele – das Geistprinzip des Menschen – konstituiert die unantastbare Menschenwürde, die jedem Menschen zukommt.

An dieser Stelle sind die Ausführungen auf den Kern jener Problematik gestoßen, der allen bioethischen De-

---

[12] Vgl. Konzil von Vienne, Konstitution Fidei catholicae, in: DH, 902.

[13] KKK, 366.

[14] Vgl. Anton Ziegenaus, Die Unsterblichkeit der Seele, in: Franz Breid (Hg.), *Der Mensch als Gottes Ebenbild. Christliche Anthropologie*, Buttenwiesen 2001, 99-122, hier bes. 101-109.

batten zugrunde liegt: das Menschenbild.[15] Die Abkehr vom christlichen oder dualen Menschenbild hat nicht selten dazu geführt, den Menschen auf die Materie, Funktion, Qualität oder andere Attribute zu reduzieren. Doch entsteht eben auf diese Weise ein Dualismus, durch den der Mensch seiner Würde verlustig geht, die in der Folge nicht selten zum Spielball der Willkür wird. Hier zeigt sich eine höchst problematische Entwicklung, denn wenn unverhandelbare Prinzipien verhandelbar werden, dann ist die Würde des Menschen antastbar.[16]

Abschließend soll noch ein Blick auf die kirchliche Position gerichtet werden, die zum einen der wissenschaftlichen Entwicklung gerecht wird, zum anderen jene Anthropologie respektiert, die den Menschen als Menschen mit seiner unantastbaren Würde im Blick hat. Dabei genügt es, die beiden wichtigsten Dokumente im Hinblick auf bioethische Themen anzuführen, die bereits zuvor Erwähnung gefunden haben: die Instruktionen *Donum vitae* (1987) und *Dignitas personae* (2008). Im Jahr 1987 war die Wissenschaft noch nicht in der Lage, ein abschließendes Urteil über den Status des Embryos zu fällen. So formulierte das Lehramt der Kirche vorsichtig: „Da er als Person behandelt werden muss, muss der Embryo im Maß des Möglichen wie jedes andere menschliche Wesen im Rahmen der medizinischen Betreuung auch in seiner Integrität verteidigt, versorgt und geheilt werden."[17] Im Jahr 2008, und in Anlehnung an den Fortschritt wis-

---

[15] Vgl. Ralph Weimann, *Bioethical Challenges at the End of Life. An Ethical Guide in Catholic Perspective*, New York, 2022, 37-59.

[16] Vgl. Ralph Weimann, *Bioethik*, 189-194.

[17] DV, Teil 1, 1.

senschaftlicher Forschung zeigte sich, wie richtig diese Feststellung aus dem Jahr 1987 gewesen ist, die nun noch eindeutiger formuliert wird. Bereits in der ersten Nummer des Dokuments heißt es: „Jedem Menschen ist von der Empfängnis bis zum natürlichen Tod die Würde einer Person zuzuerkennen."[18]

Diese Aussage deckt sich – wie gesagt – mit den wissenschaftlichen Ergebnissen. Und dennoch nützt diese Erkenntnis wenig, wenn nicht ein Menschenbild vorausgesetzt wird, das diese Fakten respektiert. Genau darin aber liegt das eigentliche Problem, denn in großen Teilen der Gesellschaft ist dies schlichtweg nicht mehr der Fall. Entgegen den Tatsachen und wissenschaftlichen Beweise, wird es gesetzlich erlaubt, Embryonen abzutreiben, sie nach gewissen Kriterien zu selektionieren (Präimplantationsdiagnostik), oder mit ihnen zu experimentieren (vgl. Klonen, embryonale Stammzellforschung, Anwendung der Gen-Schere, etc.). Weil die Kirche Anwalt des Lebens ist und das Leben der Wehrlosesten verteidigt, hatte Papst Johannes Paul II. die Praxis der Kirche bestätigt und für die Abtreibung die Tatstrafe der Exkommunikation bekräftigt, die durch das Begehen der Straftat in Kraft tritt.[19]

Wenn bekannt ist, wer der Embryo ist, dann folgt daraus, dass er auch entsprechend behandelt werden muss. Jede Person muss mit der Würde behandelt werden, die ihm zukommt, weil sie Person ist. Sobald eine Gesetzgebung beginnen sollte, das Leben von einigen als weniger (schützens-)wert als das von anderen zu bezeichnen, läuft sie Gefahr, historische Fehler zu wiederholen. Daher ist es höchst problematisch, wenn

---

[18] DP, 1.

[19] Vgl. Johannes Paul II., *Evangelium vitae*, 62.

die Bundesregierung beschließt, dass das Werbeverbot für Abtreibungen aufzuheben ist.[20] Dies als „guten Tag für Frauen" zu bezeichnen ist ein Hohn auf das Leben jener, die getötet werden dürfen und wofür man jetzt sogar noch öffentlich und vom Staat gefördert Werbung machen darf. Papst Johannes Paul II. bezeichnete ein solches Vorgehen als „tragischen Schein der Legalität", zumal die Grundlagen, auf denen die Demokratie steht, verraten werden. Er schrieb:

> „Wenn diese Zustände eintreten, sind bereits jene Dynamismen ausgelöst, die zum Zerfall eines echten menschlichen Zusammenlebens und zur Zersetzung der staatlichen Realität führen. Das Recht auf Abtreibung, Kindestötung und Euthanasie zu fordern und es gesetzlich anzuerkennen heißt der menschlichen Freiheit eine perverse, abscheuliche Bedeutung zuzuschreiben: nämlich die einer absoluten Macht über die anderen und gegen die anderen."[21]

Glücklicherweise hat der *Supreme Court* in den USA am gleichen Tag eine ganz andere Richtung eingeschlagen. Und doch ist es beängstigend zu sehen, mit wie viel Gewalt und Hass dieser höchstrichterlichen demokratisch gefällten Entscheidung begegnet wird, durch den die Unantastbarkeit des menschlichen Lebens bekräftigt wird. Selbst der sich „katholisch" gebende amerikanische Präsident Biden bezeichnete dieses Urteil als extre-

---

[20] Vgl. Die Bundesregierung, Bundestag beschließt Aufhebung des § 219a, 24.6.2022, in: https://www.bundesregierung.de/breg-de/suche/paragraph-219a-201022 [26.6.2022].

[21] Johannes Paul II., *Evangelium vitae*, 20.

mistisch und kündigte an, alle Mittel in Bewegung zu setzen,[22] um dagegen vorzugehen. Derartige Aussagen offenbaren nicht nur ein beängstigendes Verständnis von Demokratie, sondern vor allem vom menschlichen Leben, dass zu schützen erste Priorität des Staates und seiner Regierungen ist.

2. Was geschieht bei einer In-vitro-Fertilisation?

Aber nun zurück zum eigentlichen Thema. Diese Ausführungen über den Embryo waren notwendig, weil sie die Voraussetzung für eine ethische Bewertung der künstlichen Befruchtung schaffen, die eine attraktive Möglichkeit darzustellen scheint, den lang ersehnten Kinderwunsch erfüllt zu sehen, der auf natürlichem Weg nicht verwirklicht werden konnte. In früheren Zeiten wurde um Nachwuchs gebetet und es gab gewisse Orte, wie z. B. in Rom die Kirche des hl. Augustinus mit der „Madonna del parto", die in solchen Fällen aufgesucht wurde.

Heute vertraut man hingegen mehr der Wissenschaft und wendet sich an sogenannte Kinderwunschzentren, die effektive Abhilfe versprechen. Es werden „Möglichkeiten der Therapie unter Einbeziehung der neuesten wissenschaftlichen Erkenntnisse" angeboten, eine „persönlich zugeschnittene Therapieform," in die auch die eigenen „Wünsche und Vorstellungen" einflie-

---

[22] Vgl. Joe Biden, Remarks by President Biden on the Supreme Court Decision to Overturn Roe v. Wade, 24.6.2022, in: https://www. whitehouse.gov/briefing-room/speeches-remarks/2022/06/24/ remarks-by-president-biden-on-the-supreme-court-decision-to-overturn-roe-v-wade/ [26.6.2022].

ßen.[23] Dies klingt auf den ersten Blick wie eine wirkliche Alternative. Doch was genau geschieht eigentlich in solchen Kinderwunschzentren? Wie sieht eine solche Therapie aus?

An dieser Stelle kann auf die technischen Details nicht näher eingegangen werden, weil der Umfang dieses Beitrags dies nicht zulässt. Wohl aber sollen jene Punkte Erwähnung finden, die ein derartiges Verfahren inakzeptabel machen. Wie sich alsbald zeigt, geht es keineswegs bloß um eine Therapie, sondern um Eingriffe unterschiedlicher Art, die letztlich immer den Tod mehrerer Embryonen (= Personen) mit sich bringen.

Wie läuft eine künstliche Befruchtung ab? Nach einer eingänglichen Beratung und verschiedenen Gesprächen, in denen auch die Kostenfrage nicht selten eine Rolle spielt, muss sich die Frau – sollte sie sich für eine derartige „Therapie" entscheiden – einer Hormonbehandlung unterziehen. Die Dosierung wird gewöhnlich individuell vorgenommen. Hormone steuern die Produktion der Eizellen in den Eierstöcken, lösen den Eisprung aus und unterstützen die Einnistung des Embryos. Durch eine hormonelle Stimulation soll das Heranreifen mehrerer Eizellen bewirkt werden, denn für die In-vitro-Fertilisation ist eine größere Anzahl von Eizellen notwendig. „Sowohl Hormonbehandlung als auch Eizellentnahme sind mit Risiken für die Frau verbunden. Eine mögliche Nebenwirkung der Hormonbehandlung ist das ovarielle Hyperstimulationssyndrom (OHSS)."[24] Schließlich werden die Eizellen

---

[23] Vgl. das Kinderwunschzentrum Ceres in Berlin: https://www.kinderwunschzentrum.de/de/ [26.6.2022].

[24] Susanne Kummer, Künstliche Befruchtung (IVF) – eine Übersicht, 17.9.2017, in: https://www.imabe.org/imabeinfos/kuenstliche-befruchtung-ivf-eine-uebersicht [26.6.2022].

unter Narkose aus den Follikeln des Eierstocks abgesaugt. Die Entnahme der Spermien erfolgt in der Regel durch Masturbation, von welcher der Katechismus der Katholischen Kirche sagt: „Masturbation ist [...] eine in sich schwere ordnungswidrige Handlung."[25] Die mit der künstlichen Befruchtung verbundenen Prozeduren bleiben nicht ohne Auswirkungen auf die Paare. Manfred Spieker hat in einer Studie dargelegt, wie sehr die Beziehungsfähigkeit der Ehepaare darunter leidet, so dass „die Scheidungsrate bei Ehepaaren, die sich der künstlichen Befruchtung unterziehen [...] mehr als doppelt so hoch ist wie bei anderen Ehepaaren."[26]

Die Gewinnung qualitativ hochwertiger Eizellen und Spermien ist die Voraussetzung für die künstliche Befruchtung. Beide werden strenger Qualitätsprüfungen und -kontrollen unterzogen. Die Befruchtung findet dann In-vitro, also im Reagenzglas statt. Auf die unterschiedlichen Methoden, die dabei Verwendung finden, braucht an dieser Stelle nicht eingegangen zu werden.[27] Nach der Befruchtung im Reagenzglas erfolgt wiederum eine Qualitätsprüfung, denn nur qualitativ hochwertige Embryonen werden in den Uterus der Frau transferiert. Die Übertragung geschieht gewöhnlich am 5.-6. Tag, wenngleich auch vorher eine Übertragung möglich ist. Diese „Wartezeit" ermöglicht dem medizinischen Personal, die Reifung des Embryos

---

[25] KKK, 2352.

[26] Manfred Spieker, Sozialethische Probleme des Lebensschutzes, in: Ders. (Hg.), *Biopolitik. Probleme des Lebensschutzes in der Demokratie*, Paderborn 2009, 23-38, hier 37. Weitere Details dazu in meinem Buch: Ralph Weimann, *Bioethik*, 86-95.

[27] Grundsätzlich wird zwischen der In-vitro-Fertilisation (IVF) und der Intracytoplasmatischen Spermieninjektion (ICSI) unterschieden. Vgl. ebd., 66-69.

In-vitro zu beobachten und bessere prognostische Einschätzungen vorzunehmen. Auch dies führt zu einem höheren „Verbrauch" von Embryonen, denn je später der Transfer stattfindet, umso höher die Verlustrate.

Nachdem zuvor dargelegt wurde, wer der Embryo ist, wird an dieser Stelle deutlich, warum die Kirche diese Verfahren als moralisch verwerflich verurteilt, denn sie implizieren immer die „willentliche Beseitigung von Embryonen."[28] Der Mensch zu Beginn seines Lebens wird zum Nicht-Menschen (Zellhaufen) deklariert, um derartige unmoralische Praktiken zu legitimieren. Die Kongregation für die Glaubenslehre stellt fest, dass die „Zahl der geopferten Embryonen" „sehr hoch" ist, sie spricht von mehr als 80%.[29] Damit einher gehen andere schwerwiegende Probleme, wie das Einfrieren von Embryonen (Kryokonservierung). Durch die Prozedur des Einfrierens und Auftauens werden Embryonen geschädigt und zerstört. Darüber hinaus stellt sich die Frage, wie mit überschüssigen tiefgefrorenen Embryonen zu verfahren ist, für die es keine Verwendung mehr gibt? Selbst die Glaubenskongregation findet keine Antwort darauf, sie bezeichnet daher dieses Verfahren als „unvereinbar mit der Achtung, die den menschlichen Embryonen geschuldet ist."[30]

Bei dem zu Beginn genannten Beispiel wusste auch der betroffene Vater keine Antwort, wie mit den vermutlich verbleibenden 9 Embryonen umzugehen sei. Gewöhnlich gibt es eine „Halbwertszeit" für eingefrorene Embryonen, dazu kommen Mietkosten, die jeden Monat zu begleichen sind. Die Glaubenskongregation

---

[28] DP, 14.

[29] Vgl. ebd.

[30] DP, 18.

spricht von einer „schweren Ungerechtigkeit" gegen das menschliche Leben, von einer faktisch irreparablen Situation. Mit der In-vitro-Fertilisation verbinden sich noch weitere Problemfelder, wie die Embryonenreduktion (Fetozid). Sollten sich zu viele Embryonen im Uterus der Mutter einnisten, dann gibt es die technische Möglichkeit, die überschüssigen Embryonen durch selektive Abtreibung zu töten. Die „Verlustrate" an Embryonen ist erschreckend hoch, wer sich einer In-vitro-Fertilisation unterzieht, nimmt sie leichtfertig in Kauf. Daher kam die Instruktion *Donum vitae* (1987) zu dem Ergebnis:

> „in Übereinstimmung mit der traditionellen Lehre über die Güter der Ehe und die Würde der Person – bleibt die Kirche aus moralischer Sicht bei der Ablehnung der homologen In-vitro-Befruchtung; diese ist in sich unerlaubt und steht in Widerspruch zur Würde der Fortpflanzung und der ehelichen Vereinigung, selbst wenn alles getan wird, um den Tod des menschlichen Embryos zu vermeiden."[31]

Konsequenterweise ist die Verwendung dieser Technik schwer sündhaft. Mehr noch, Kanon 1397 §2 des kanonischen Rechts kommt im Hinblick auf diese Technik eine besondere Bedeutung zu. Dort heißt es: „Wer eine

---

[31] DV, Teil 1, 6. Die homologe In-vitro-Fertilisation ist die Herbeiführung einer künstlichen Befruchtung durch die Verwendung der Spermien des Ehemannes; sie ist aus den geschilderten Gründen unannehmbar. Diese Probleme potenzieren sich, wenn Samen- und Eizellenspende (heterologe Insemination) oder Leihmutterschaft – wie im Beispiel zuvor geschildert – hinzukommen. Dazu vgl. ebd., Teil II, A.1-3. Dies wird bestätigt in: DV, 12.

Abtreibung vornimmt, zieht sich mit erfolgter Ausführung die Tatstrafe der Exkommunikation zu."[32] Diese Nummer wurde, wie bereits zuvor erwähnt, durch Johannes Paul II. bekräftigt. Der Kirchenrechtler Markus Graulich SDB, Untersekretär des Päpstlichen Rates für Gesetzestexte, hat zu diesem Thema einen Artikel mit dem italienischen Titel „Fecondazione artificiale e diritto canonico" veröffentlicht, der auch auf Deutsch unter dem Titel „Reproduktionsmedizin und Kirchenrecht" erschienen ist. Er kommt zu dem Schluss, dass nach der authentischen Auslegung des Kanons dieser höchstwahrscheinlich auch für neue Techniken der künstlichen Befruchtung gelte, da sie notwendigerweise zur Abtreibung führen.[33] Dieses Urteil dürfte auf der Grundlage dessen, was bisher dargelegt wurde, keineswegs als hart erscheinen. Vielmehr wird gerade dadurch die unantastbare Würde des Menschen zu Beginn seines Lebens respektiert und verteidigt. Die Instruktion *Dignitas personae* hebt noch weitere Aspekte hervor, die dieses weite Feld abrunden und zusätzlich Orientierung bieten, sie müssen bei der Anwendung medizinischer Verfahren Beachtung finden:

> „a) das Recht jedes Menschen auf Leben und physische Unversehrtheit von der Empfängnis bis zum natürlichen Tod; b) die Einheit der Ehe, welche die gegenseitige Achtung des Rechtes der Eheleute ein-

---

[32] CIC, 1397 §2.

[33] Vgl. Markus Graulich, "Fecondazione artificiale e diritto canonico", in: J. Pudumai Doss, G. Duc Dung Do (Hgs.), *Schola Humanitatis*, Famiglia e matrimonio nella legislazione ecclesiale, Roma 2016, 306-326. In deutscher Sprache: Vgl. Markus Graulich, *Reproduktionsmedizin und Kirchenrecht*, in: AKathKR 184 (2015), 57-81.

schließt, dass der eine nur durch den anderen Vater oder Mutter wird; c) die eigentlich menschlichen Werte der Geschlechtlichkeit, die ‚erfordern, dass die Zeugung einer menschlichen Person als Frucht des spezifisch ehelichen Aktes der Liebe zwischen den Eheleuten angestrebt werden muss.'"[34]

3. Abschließender Kommentar

Ehe und Familie kommt in der Kirche eine besondere Wichtigkeit zu, sie sind die Keimzelle der Gesellschaft. Diese Keimzelle muss geschützt und auch verteidigt werden, vor allem, gegen eine Kultur, die den Menschen zum Objekt degradiert. Die Kirche versteht sich seit jeher als Anwältin des Lebens, wie vor allem Papst Johannes Paul II. nicht müde wurde zu betonen. Dies wird aber nur dann gelingen, wenn der Wert und die Würde eines jeden Menschen von der natürlichen Empfängnis an anerkannt werden.

Wenn die Katholische Kirche die In-vitro-Fertilisation ablehnt und sie als schwerwiegende moralische Ungerechtigkeit bezeichnet, dann tut sie dies aus gutem Grund, denn damit verbindet sich großes Unrecht, gegen das Leben. Nicht der Zweck heiligt die Mittel, wie Niccolò di Bernardo Machiavelli († 1527) sagte, sondern weil das Leben von Gott her geheiligt ist, ist es unantastbar. Dies spiegelt sich vornehmlich im Konzept der Seele wider, die von der Befruchtung an als geistiges Lebensprinzip vorhanden und jedem Menschen zu eigen ist. Bei der künstlichen Befruchtung wird notwendiger Weise der Tod von Embryo-

---

[34] DP, 12.

nen in Kauf genommen, weshalb sie schwer unmoralisch ist.

Anstelle Werbung für die Abtreibung zu erlauben, wäre es notwendig aufzuzeigen, wie jenen Menschen zu helfen ist, die im Unwissen um diese Fakten, sich der In-vitro-Fertilisation unterzogen haben. Es gibt Wege der Umkehr und Wiedergutmachung, die allerdings Reue und Umkehr voraussetzen. Papst Johannes Paul II. hat dies in seinem Lehrschreiben über den Wert und die Unantastbarkeit des menschlichen Lebens treffend zum Ausdruck gebracht, als er formulierte:

> „Jeder Mensch ist auf Grund des Geheimnisses vom fleischgewordenen Wort Gottes (vgl. Joh 1,14) der mütterlichen Sorge der Kirche anvertraut. Darum muss jede Bedrohung der Würde und des Lebens des Menschen eine Reaktion im Herzen der Kirche auslösen, sie muss sie im Zentrum ihres Glaubens an die erlösende Menschwerdung des Gottessohnes treffen, sie muss sie miteinbeziehen in ihren Auftrag, in der ganzen Welt und allen Geschöpfen das Evangelium vom Leben zu verkünden (vgl. Mk 16,15)."[35]

---

[35] Johannes Paul II., *Evangelium vitae*, 3.

Autorenverzeichnis

Prof. Dr. Hanna Barbara Gerl-Falkovitz war Inhaberin des Lehrstuhls für Religionsphilosophie und vergleichende Religionswissenschaft an der Technischen Universität Dresden und ist seit ihrer Emeritierung Leiterin des Europäischen Instituts für Philosophie und Religion" an der Philosophisch-Theologischen Hochschule Benedikt XVI. in Heiligenkreuz bei Wien. 2021 wurde ihr von Papst Franzkus der Joseph-Ratzinger-Preis verliehen.

Bischof Wolfgang Ipolt wurde nach vielen Jahren in der Seelsorge und in der Priesterausbildung (zuletzt als Regens des Priesterseminars in Erfurt) 2011 von Papst Benedikt XVI. zum Bischof von Görlitz ernannt.

Prof. Dr. Stephan Kampowski, ordentlicher Professor für philosophische Anthropologie am Päpstlichen Theologischen Institut „Johannes Paul II." für Ehe- und Familienwissenschaften in Rom. Seit 2012 ist er auch Professor an der philosophischen Fakultät der Päpstlichen Universität des Hl. Thomas von Aquin (Angelicum) in Rom.

Birgit Kelle ist Publizistin und Mutter und setzt sich in ihren Veröffentlichungen mit den gesellschaftlichen Tendenzen rund um Ehe und Familie, besonders mit Fragen des Gender auseinander.

Prof. Dr. Dr. Ralph Weimann, Professor an der Päpstlichen Universität vom Hl. Thomas von Aquin (Angelicum) und an der Päpstlichen Hochschule Regina Apostolorum.